SE del
LUGAR
SECRETO

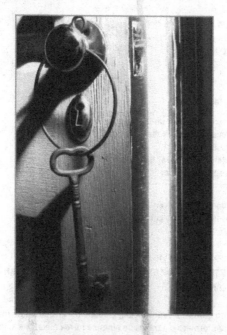

Llaves para avivar
tu tiempo personal con Dios

Bob Sorge

La misión de Editorial Vida es ser la compañía líder en satisfacer las necesidades de las personas con recursos cuyo contenido glorifique al Señor Jesucristo y promueva principios bíblicos.

SECRETOS DEL LUGAR SECRETO
Edición en español publicada por
Editorial Vida – 2007
Miami, Florida

Originally published in the USA under the title:
Secrets of the Secret Place
por Oasis House
Copyright © 2001 por Bob Sorge
www.oasishouse.net

Traducción y edición: *Gisela Sawin*
Adaptación de diseño interior y cubierta: *Pablo Snyder & Co.*

ISBN: 978-0-8297-4386-9

CATEGORÍA: Vida cristiana / Devocional

IMPRESO EN ESTADOS UNIDOS DE AMÉRICA
PRINTED IN THE UNITED STATES OF AMERICA

HB 10.31.2023

La vida de Bob Sorge proclama el mensaje de cómo uno persigue y disfruta la intimidad con Dios. La profunda experiencia con él, a través de su palabra, junto con su paciente resistencia a las privaciones han resultado en «una compresión vívida» sobre el tema de este libro. No necesitamos más obras sobre la intimidad con Dios, sino mejores. Libros que surjan de la realidad, forjados en la revelación y en la experiencia. Con este como mapa de ruta, obtenga una visión fresca e inspirada para seguir adelante en un viaje, del cual dependen los mismísimos temas de la vida.

—*Mike Bickle*

No ha habido una generación que necesite más del lugar secreto que la presente. Con delicadeza, Bob Sorge nos amonesta a establecer un sitio, un tiempo y un estímulo, para encontrarnos regularmente con Dios. Este libro es un incentivo, no, un proyector de culpas. Los principios que expone son eternos, probados y verdaderos. Amo este libro. Mueve a mi espíritu para desear una comunión renovada con mi Señor.

—*Judson Cornwall*

La pasión de mi querido amigo Bob Sorge por Dios y por su palabra resuena a través de cada renglón de este libro maravilloso. Si usted tiene una pasión similar, esta obra avivará el fuego y estimulará la llama. Si tiene poco o nada de pasión, la encenderá. Por tanto, hágase un favor y sature su necesitado espíritu en estas ardientes verdades.

—*Joy Dawson*

Al leer, a lo largo de los selectos capítulos de este excelente libro, no pude evitar pensar: estas son las verdades que la iglesia debe escuchar. Certero, penetrante, apasionado y práctico, Bob Sorge va más allá de informarnos sobre el lugar secreto, nos lleva allí. Este libro es para volver a leer, una y otra vez.

—*Francis Frangipane*

Le dará ánimo y estímulo, lo levantará y motivará para pasar un tiempo de mayor calidad con el Señor. Este es un libro que revela los secretos que pueden llevarlo más alto en la montaña de la verdad y de la adoración. Bob Sorge, a través de los años, sigue siendo uno del los líderes que encabeza el entrenamiento avanzado de aquellos que han dado sus vidas a la alabanza y a la intercesión.

—*Kent Henry*

Todo lo de Dios fluye desde el lugar secreto. Todo lo bueno y duradero, todo lo que sobrevive a la prueba final nace en el lugar secreto. Podemos «llegar» al cielo con las manos vacías, ¿pero por qué hacer algo así? ¿Por qué no, en cambio, con coronas para dejar a sus pies? Si se las damos, será porque nos encontramos diariamente con Jesús en el lugar secreto. Le recomiendo *Secretos del lugar secreto* a todo seguidor de Jesús hambriento y desesperado. No lo defraudará.

—*Floyd McClung*

4

CONTENIDO

Parte III: Estableciendo un ritmo de maratón

Parte IV. Buscando una relación más profunda

Parte I

ACEPTANDO LA GRAN INVITACIÓN

SECRETOS DEL LUGAR SECRETO

¡¿No es increíble que el asombroso Dios del universo nos haya invitado a una relación viva y creciente con él?! Esta primera sección de meditaciones dirige nuestro corazón a algunas de las verdades fundamentales que nos ayudarán a establecer un lugar secreto de conexión con el Señor, lleno de significado. Puede escoger leer un capítulo por semana o determinar su propio ritmo. De cualquier manera, ¡dígale «sí» a su increíble invitación!

1

El secreto de decir «Sí»

Chris y DeeAnn Abke se sentían abrumados por un desafío financiero inminente. Desesperados, se hicieron tiempo una noche, tarde, después de dejar a los niños en la cama, para orar y buscar la ayuda del Señor. Mientras se sentaban juntos en el sillón del living, haciéndole conocer al Señor sus peticiones, repentinamente, una voz audible comenzó a sonar: «Si necesita ayuda, llame al 9-1-1. Si necesita ayuda, llame al 9-1-1».

Escucharon a la voz decir esto durante cuatro o cinco minutos, luego se detuvo. Perplejos, Chris y DeeAnn se miraron el uno al otro.

La voz parecía provenir del garaje, por lo que, cuidadosamente, abrieron la puerta y encendieron las luces, sin saber qué iban a encontrar. Todo estaba en su lugar, excepto por una ambulancia de juguete que pertenecía a su hijo, que estaba en el medio del piso. Chris la levantó, oprimió el botón junto a las luces de emergencia, y la voz comenzó a decir, «Si necesita ayuda, llame al 9-1-1». Mientras se preguntaban en voz alta cómo el juguete se accionó solo, de repente, el Espíritu Santo pareció animar a Chris con estas palabras, «Si necesita ayuda, llame al 9-1-1, Salmo 91». Yendo a las Escrituras, el versículo tuvo un significado completamente nuevo para ellos, mientras leían juntos: «El que habita al abrigo del Altísimo se acoge a la sombra del Todopoderoso».

Chris y DeeAnn entendieron que, con este incidente, Dios estaba guiando sus corazones a un compromiso renovado a ese lugar secreto de relación con él. La conclusión era que Dios dirigiría sus *pasos respecto de sus necesidades financieras, mientras ellos se entregaban a la intimidad de habitar en la presencia del Todopoderoso.*

Comparto la historia de mis amigos porque estoy absolutamente convencido de que el poder del cielo está abierto en la tierra, cuando nos entregamos al lugar secreto del Altísimo. Por esta razón he escrito este libro, con el único propósito de avivar las brasas de su vida personal de oración. Oro para que diga «¡Sí!» a una búsqueda diaria y ferviente de Jesús, en el lugar secreto. *Mi sincera oración es que, con cada acercamiento a Dios, usted gane mayor impulso y santa atracción para buscar la perla más grande de la existencia humana, una relación personal, íntima, apasionada, viva, con el glorioso Creador del universo.*

Uno de los secretos mejor guardados de nuestra fe es la bendición y el gozo de cultivar una vida reservada con Dios. Imagine ese deleite completo, desde ahora. Está en un rincón silencioso; la puerta cerrada; acurrucado en una cómoda posición; la palabra viviente de Dios, abierta delante de usted; Jesús mismo está parado a su lado; el Espíritu Santo, tiernamente, está limpiando su corazón; su amor se despierta mientras medita en las palabras de gracia de Su boca; su espíritu se enciende en tanto que su mente es renovada; usted conversa con él, y él le habla en el lenguaje de una íntima amistad.

¡Ah, no hay nada mejor que eso!

El infierno hará todo lo que pueda para falsear y distorsionar el exuberante deleite de esta dinámica realidad; el actual sistema de este mundo está estratégicamente diseñado para sacar su tiempo y energía del lugar secreto; la iglesia suele enfocar su mejor poder (voluntad, vigor) en mantener a los santos ocupados; y parece haber relativamente pocos hermanos, cuyas vivencias secretas con Dios entreguen una vida tan vibrante que encienda un deseo contagioso en los otros para seguir su ejemplo.

Comprendo íntimamente el dolor de incontables creyentes que llevan la convicción de que el lugar secreto es central para una vida de victoria, pero que luchan para mantenerlo como su estilo de vida diario. Sé lo que es vivir debajo de lo que podría ser el caminar cristiano y aun sentirse impotente para cambiar algo. Me he visto volviendo persistentemente a las fuentes donde no hay aguas. Por ejemplo, cuando queremos recobrar fuerzas en un día agotador, miramos televisión –como si las distracciones nos renovaran– solo para quedar vacíos, por enésima vez. O bien, asistimos a una reunión de la iglesia, con la esperanza de que la comunión del predicador con el Señor, nos infunda nuevas energías para nuestro camino. Pero, profundamente, en nuestro interior, sabemos que los sermones y enseñanzas, aunque edificantes, nunca pueden reemplazar el poder estimulante que encontramos cuando nos sentamos a Sus pies y escuchamos Sus palabras para nosotros.

No necesitamos agregar otra palabra condenatoria a las voces que nos reprimen y que todos bien conocemos. En cambio, necesitamos que nuestros ojos se levanten a la gloriosa esperanza que llevamos dentro. Mi deseo es poder compartir algunos secretos, lecciones que aprendí, casi siempre, equivocándome al principio, para que usted pueda seguir hacia la meta del supremo llamamiento de Dios en Cristo.

Cuando aprendemos a vivir en el lugar secreto del Altísimo, nos estamos ubicando para descubrir la llave de la verdadera plenitud del reino. El poder reproductor está abierto ¡a la sombra del Todopoderoso! Uno de los mejores ejemplos de la Biblia de esta verdad se encuentra en la vida de Cornelio, el primer creyente gentil. Cornelio era un devoto gentil que se entregó a la oración del lugar secreto. Su piedad se describe en el libro de los Hechos de cuatro maneras: daba regularmente a los pobres; vivía una vida santa; practicaba el ayuno; y mantenía el lugar secreto de oración. Fue por causa de esas cuatro prácticas que Dios llenó a Cornelio y a su casa con el Espíritu Santo y lo convirtió en las primicias de todos los creyentes gentiles. Es como si Dios dijera, «Cornelio, por causa de tu apasionada convicción por el lugar secreto, tu vida es la clase de ejemplo que quiero reproducir en las naciones. De manera que te estoy designando como el primer gentil en recibir el Espíritu Santo, porque voy a tomar tu devoción por el lugar secreto y ¡exportarla a cada nación en la tierra!» Al hacer de Cornelio el catalizador para la redención de las naciones, Dios estaba dando un poderoso apoyo a la prioridad de aquel, de cultivar una vida secreta con Dios. ¡La erupción de frutos de su vida le debe de haber encontrado, aun a él mismo, con la guardia baja!

Muchos de los que leen este libro tienen un llamado a los vecindarios, a las ciudades e, incluso, a las naciones. Mientras dediquen sus vidas al lugar secreto de Dios, él concebirá algo dentro de ustedes que se esparcirá, a su tiempo, a los cuatro rincones de su esfera. Es un secreto asombroso: *El llamado de Dios ardiendo en su pecho será incontenible e imparable al dedicar su vida a la encendida pasión de la íntima comunión con el Amante de su alma.*

¿No se une a mí, para avanzar a nuevas dimensiones del poder y la gloria del reino? La cara del cristianismo es cambiada, generación tras generación, por aquellos que descubren el poder del lugar secreto. Oro para que, con la lectura de cada página, usted se una conmigo, diciendo «¡Sí!» al secreto de los siglos.

«¿Cuál es el secreto?» alguno podrá preguntar.

El secreto ¡es el lugar secreto!

2

El secreto de la puerta cerrada

«Pero tú, cuando te pongas a orar, entra en tu cuarto, cierra la puerta y ora a tu Padre, que está en lo secreto. Así tu Padre, que ve lo que se hace en secreto, te recompensará» (Mateo 6:6).

Jesús mismo pronunció estas benditas palabras. Toda la escritura es inspirada por Dios, pero los seguidores de Jesús siempre hallamos especial deleite en prestarle particular atención a las palabras que Jesús mismo nos dio. Cuando él enseñó sobre la oración, primeramente le dio énfasis al lugar secreto. En los versículos siguientes, nos enseña sobre *cómo* orar, pero, primero, *dónde*.

Mateo 6:6 contiene un poderoso secreto referente a dónde orar, pero, antes de compartirlo, déjeme hacer una pregunta: ¿Frecuentemente lucha con la sensación de estar desconectado de Dios? ¿Se esfuerza para sentir la presencia de Dios cuando ora? ¿Él parece distante? ¿Anhela saber que él está con usted, ahora mismo, acercándose a su lado?

Si su respuesta a cualquiera de estas preguntas es «Sí», entonces tengo unas noticias maravillosas para usted. Hay una manera garantizada para entrar a la presencia de Dios. Hay una manera ciento por ciento garantizada para tener intimidad instantánea con el Padre, y Jesús, personalmente, nos da la clave. Él nos da el secreto en el versículo siguiente, cuando dice: «Tu Padre que ve lo que se hace en secreto». Jesús está diciendo: «Tu Padre ya está en el lugar secreto. Él se anticipó; Él te está esperando. En el momento en que llegas al lugar secreto, de inmediato, estás en la presencia del Padre».

Jesús afirma esta verdad dos veces en el mismo capítulo. La segunda vez, dice, en Mateo 6:18:

«Para que no sea evidente ante los demás que estás ayunando, sino sólo ante tu Padre, que está en lo secreto; y tu Padre, que ve lo que se hace en secreto, te recompensará». Jesús lo dice dos veces, para enfatizar, para que sepamos que esta palabra es absolutamente cierta. *¡Nuestro Padre está en el lugar secreto!*

Además, Jesús nos da la llave para encontrar este lugar. Si se pregunta qué debe hacer para ubicarse en él, Jesús lo aclara. Para llegar allí, todo lo que debe hacer es *¡cerrar su puerta!*

Cuando entra a su cuarto y *cierra su puerta*, está en la presencia del Padre.¡Instantáneamente! No importa cómo se sienta. A pesar del clima de su alma en ese momento, usted sabe, con absoluta seguridad, que ha entrado a la cámara de su Padre en el cielo. *El lugar secreto es su portal al trono, el lugar donde disfruta del mismísimo cielo.* Reciba esta palabra y habrá obtenido uno de los grandes secretos a la intimidad con Dios. Porque cuando usted sabe que está en la presencia del Padre de inmediato, su espíritu y alma, a menudo, responderán a ese conocimiento con sincera comunión. El conocimiento de esta verdad liberará su espíritu para poder elevarse.

Cuando usted edifica su vida en la bendita intimidad de una relación con Dios, en el lugar secreto, está edificando sobre la roca. No es simplemente mi opinión, es la enseñanza explícita de nuestro Señor Jesucristo. Los principios que Jesús da en los capítulos 5 a 7 del evangelio de Mateo fueron entregados, al mismo tiempo, en un gran sermón, que estaba estableciendo las piedras fundamentales de la vida de un discípulo. He aquí cómo lo expresó:

> *«Por tanto, todo el que me oye estas palabras y las pone en prácti-*
> *ca es como un hombre prudente que construyó su casa sobre la*
> *roca. Cayeron las lluvias, crecieron los ríos, y soplaron los vientos*

y azotaron aquella casa; con todo, la casa no se derrumbó porque estaba cimentada sobre la roca. Pero todo el que me oye estas palabras y no las pone en práctica es como un hombre insensato que construyó su casa sobre la arena. Cayeron las lluvias, crecieron los ríos, y soplaron los vientos y azotaron aquella casa, y ésta se derrumbó, y grande fue su ruina» (Mateo 7:24-27).

El mensaje de Jesús es inconfundible. Está diciendo: «Si escuchan y hacen todo lo que enseñé en este Sermón de la Montaña, edificarán cimientos en su vida que resistirán las tormentas más duras de la vida». Créanme amigos, ¡seguro que ellas llegarán! Hay algunas que ya han golpeado su vida. La pregunta es: ¿tendrá los cimientos en su lugar, para sobrevivir a las tormentas?

Uno de los elementos esenciales de esos cimientos es tener intacta la vida secreta con Dios. Aquellos que escuchan esta palabra y la ponen por obra no solo disfrutarán la intimidad con el Padre diariamente, sino también, estarán equipados para soportar las mayores tormentas, sea que se originen en la furia del infierno, en las distracciones del mundo o en las compuertas de las bendiciones del cielo.

No olvide el secreto: *cierre su puerta.*

3

El secreto de escuchar

Cuando Dios trajo al pueblo de Israel desde Egipto, a través del Mar Rojo, al Monte Sinaí, apareció a la nación como un fuego visible en la montaña y les habló desde un trueno con voz audible. La experiencia era tan impresionante que abrumó completamente a los Israelitas, que le pidieron a Moisés que fuera y hablara el mismo con Dios a favor de ellos.

El salmista describe esta escena con una frase inusual: «oculto en el nubarrón, te respondí» (Salmo 81:7). Dios contempló la convocatoria con Su pueblo en el Monte Sinaí como «un lugar secreto» de encuentro con Su pueblo. Los llamó aparte, a una montaña desierta, para poder hablar con ellos y darles Sus diez mandamientos.

Dios siempre diseñó el lugar secreto para que sea un lugar donde él responde y habla con nosotros. A veces, él aun nos atrapa, tronando sobre nosotros con su voz impresionante. ¡No hay nada más glorioso en toda nuestra vida que escuchar su voz! Dios siempre ha deseado tener esa clase de relación íntima con Su pueblo, en la que ellos oyen Su voz y responden en concordancia. *Cerramos la puerta de nuestro lugar secreto para que podamos callar todas las voces que nos distraen y sintonizar nuestros corazones con esa voz que deseamos escuchar.* «El lugar secreto del trueno», ¡qué descripción asombrosa del lugar donde nos apartamos para estar con el Señor!

Algo profundo sucedió dentro de mí el día en que el Señor me mostró la palabra más importante en toda la Biblia. Estaba estudiando intensamente Sus enseñanzas, y, de repente, fui golpeado por cuán a menudo Jesús habló sobre la necesidad de escuchar. Por ejemplo, él clamó: «El que tenga oídos, que oiga» (Mateo 13:9). Sus palabras me golpearon como un tren de carga. Me di cuenta de que todo, en el reino, depende de escuchar, o no, la palabra de Dios. El Espíritu Santo comenzó a extrapolar esa verdad para mí a toda la extensión de la Biblia, y de pronto lo vi: ¡La palabra «oír» es la más importante en la Biblia! Los tesoros más importantes en el reino son predicados sobre la necesidad de oír a Dios. Cuando el Señor me dio esta verdad, quería marcar cada aparición de la palabra «oír» en mi Biblia. Mi paradigma de la vida en el reino fue radicalmente realineado, porque desperté al hecho de que todo cambia cuando escucho a Dios y obro sobre esa palabra. ¡Esta es la fuente de la vida eterna; estos son los manantiales del poder y de la autoridad del reino; esta es la fuente de la sabiduría, el entendimiento y la dirección en la vida! Nada puede reemplazar la confianza y la autoridad que provienen de escuchar a Dios. *Escuchar la voz de Dios se ha vuelto el único afán de mi corazón, el exclusivo propósito que solo satisface los anhelos de mi corazón.*

Por esta razón, abogo firmemente por una vida de oración que esté compuesta mayormente de silencio. Es un gran deleite hablar con Dios, pero es aún más emocionante cuando él nos habla. He descubierto que él tiene cosas más importantes para decir que las mías. *Las cosas no cambian cuando hablo con Dios; las cosas cambian cuando Dios me habla.* Cuando yo hablo, nada sucede; cuando Dios habla, el universo se vuelve real. De manera que el poder de la oración se encuentra, no, en convencer a Dios de mis asuntos, sino en esperar en él para escuchar sus asuntos.

No quiero dar la impresión de que escuchar la voz de Dios sea mi experiencia diaria en el lugar secreto. ¡Lejos de eso! La mayoría de los días salgo con deseos incumplidos, iniciativas no correspondidas, oraciones no contestadas, aspiraciones no realizadas, deseos postergados y conocimientos incompletos. Pero, después, llega uno de esos días (saben a qué me refiero), cuando el cielo se inclina y Dios nos habla una palabra directa al corazón. Él inspira una porción de las Escrituras y personaliza su significado, precisamente, para mi necesidad. ¡Oh, qué gloria! Ese momento vale por todos los días precedentes de buscar y de golpear. Soportaré meses de silencio, si él va a hablar una palabra creativa de su boca a mi espíritu.

Mi papel en el lugar secreto es escuchar cualquier cosa que Dios quiera hablar. Si él no me habla, mi tiempo pasado en silente escucha no es inútil ni vano. No he perdido algo ni fallado en la conexión. Cumplí con mi parte. ¡Es tan importante para mí que ponga mi vida en posición para escuchar! Estoy convencido de que ha habido momentos en que no he escuchado claramente la palabra de Dios en mi corazón porque no he estado escuchando en el momento en que él estaba hablando. A veces, creo que puedo decirle a Dios qué hablar o cuando hablarlo. Pero puedo ubicarme en el lugar secreto para que, cuando él escoge hablar, me encuentre escuchando.

Las Escrituras dicen: «Si ustedes oyen hoy su voz» (Salmo 95:7). De manera que escuchar la voz de Dios es un tema de su voluntad. Debemos escoger escucharle. Lo hacemos cuando separamos tiempo para ello. Este escuchar es algo que hacemos «Hoy». Dice «si», porque el hecho de escuchar Su voz es condicional, edificado sobre la condición de aquietar nuestros corazones para escuchar.

Todos nosotros queremos que Dios atienda nuestras oraciones. Pero él dice: «Como no me escucharon cuando los llamé, tampoco yo los escucharé cuando ellos me llamen, dice el Señor Todopoderoso» (Zacarías 7:13).

En otras palabras, Dios está diciendo: «Cuando hablé, no me escucharon; entonces cuando tú hables, no te escucharé». Se infiere que cuando escuchamos la voz de Dios, él, a su momento, escucha la nuestra. ¿Cómo puedo hablar de este maravilloso secreto de manera más clara? ¿Cómo puedo hacerlo más evidente? *Escuchar a Dios es el secreto más grande compartido del lugar secreto.*

No crea las mentiras del adversario. Le dirá que usted no puede escuchar la voz de Dios. Nada puede estar más alejado de la verdad. Jesús le dice: «Mis ovejas oyen mi voz; yo las conozco y ellas me siguen» (Juan 10:27). Usted puede oír la voz de Dios. Deje todo, apártese, escuche y espere en él. Espere. Él desea comulgar con usted.

Al escuchar, es una experiencia común ser bombardeado con pensamientos sobre todo lo que debemos hacer como parte de nuestros quehaceres diarios. Una sugestión práctica: Lleve un anotador al lugar secreto y escriba «las cosas para hacer» mientras ellas interrumpen su escuchar. Luego usted puede poner esas cientos de cosas fuera de su mente y mantener su enfoque donde quiere, sabiendo que no se olvidará sobre esos detalles después.

Anímese con el hecho de que no es el único que encuentra el escuchar una disciplina demasiado desafiante para dominar. Los mejores logros en Dios siempre son los más difíciles. Esté preparado para hacer de la disciplina de escuchar atentamente un propósito para toda la vida, que se volverá más sencillo al hacerlo. ¡Crezcamos juntos!

4

El secreto de la obediencia radical

Escuchar a Dios en el lugar secreto es una de las claves más importantes para vencer en la vida cristiana. No obstante, debe ir unido a este corolario: obediencia radical. Oímos y después obramos. «No se contenten sólo con escuchar la palabra, pues así se engañan ustedes mismos. Llévenla a la práctica» (Santiago 1:22).

Por «obediencia radical» quiero significar obediencia inmediata, que cumple con los mandamientos al máximo. *La obediencia radical no busca cumplir con lo mínimo, mas persigue el cumplimiento pleno, abundante.* Si Jesús dice: «vende todo», entonces, ¡vendemos todo! Inmediatamente.

La palabra, en el Nuevo Testamento, para obediencia es *hupakoe*; está compuesta por dos vocablos griegos: *hupo*, «debajo» y *akouo*, «escuchar». De manera que obedecer es «escuchar debajo». La obediencia implica escuchar atentamente con un corazón sumiso y, luego, acatar Su palabra.

La obediencia implícita comienza, para todos y cada uno de nosotros, no, haciendo buenas obras, sino sentándonos a Sus pies y escuchando Su palabra. *La devoción por el lugar secreto es el primer gran acto de obediencia de los santos.* Jesús lo reveló así:

> *«¿Quiénes son mi madre y mis hermanos? —replicó Jesús.*
> *Luego echó una mirada a los que estaban sentados alrededor de*
> *él y añadió: —Aquí tienen a mi madre y a mis hermanos.*

Cualquiera que hace la voluntad de Dios es mi hermano, mi hermana y mi madre» (Marcos 3:33-35).

La voluntad de Dios, en ese momento, era que la gente se sentara a los pies de Jesús y escuchara Su palabra. Hasta que no cumpla primero con esta responsabilidad, estará constantemente frustrado por su incapacidad para descubrir el gozo de la obediencia radical. Las obras para el servicio obtienen su energía espiritual del fuego de una relación de amor apasionado, a los pies de Jesús. *El verdadero cumplimiento del servicio a Jesús se descubre cuando ponemos lo primordial en primer lugar: Primero nos sentamos y escuchamos, luego nos levantamos y obramos.*

Mi amigo, Steve Peglow, una vez me dijo que él pensaba que algunas personas eran «cristianos del derecho común». Con eso quería significar que ellos pretendían los beneficios de vivir con Jesús, sin tomar compromisos. Pero, aun cuando el gozo completo de vivir juntos se encuentra solo en el contexto del compromiso del matrimonio, de la misma manera el gozo de seguir a Jesús se encuentra solo en entregarse a cada palabra que proviene de Su boca.

Algunos ponen sus mejores energías en cosas creativas. No obstante, Dios tiene una manera de invalidar los planes del hombre: «El Señor frustra los planes de las naciones; desbarata los designios de los pueblos. Pero los planes del Señor quedan firmes para siempre» (Salmo 33:10-11). En vez de enfocarse en ser creativo, enfóquese en ser obediente. Dé su mejor energía en esperar en Dios, en Su presencia, escuchando Su voz; y después utilícela para entrar en acción, una vez que él haya hablado. No tiene ningún sentido acercarse con sus mejores ideas ¡cuando solo el consejo de Dios permanecerá! Lo estoy diciendo de maneras diversas: La clave está en escuchar y obedecer.

¡Qué gozo, escuchar Su palabra y ponerla por obra! Los beneficios son amplios (mencionaré algunos, entre muchos):

La obediencia abre la vida eterna abundante

Jesús dijo: «Y sé muy bien que su mandato es vida eterna» (Juan 12:50). Viniendo del Maestro de la modestia, estas simples palabras contienen un impacto mucho mayor que lo que una lectura superficial podría revelar. Lleve esta declaración a su lugar de meditación y deje que él lo despierte al poder vivificador de la completa observación de Su mandamiento. *La vida que está en él fluye dentro de usted cuando le obedece.*

La obediencia llama la atención de Dios

Dios mira con especial interés y cariño a aquel que está dedicado a obedecerle. Él lo dijo de esta manera: «Yo estimo a los pobres y contritos de espíritu, *a los que tiemblan ante mi palabra*» (Isaías 66:2). Tan solo imaginárselo es fantástico: Usted está en el lugar secreto, con Su palabra delante y temblando, ante la posibilidad de que él le hable; él ve su espíritu dispuesto y busca la manera de honrar su devoción. ¡Guau! Temblar ante su palabra significa, primero, que deseamos que él nos hable, y segundo, que nos estremecemos por la premura de actuar sobre la palabra que viene. *Cuando temblamos por Su palabra con esta clase de anhelo profundo, él fija su mirada sobre nosotros para hacernos bien.*

La obediencia produce una gran intimidad

En mi opinión, una de las declaraciones más profundas que Jesús hizo en la tierra se encuentra aquí: «¿Quién es el que me ama? El que hace suyos mis mandamientos y los obedece. Y al que me ama, mi Padre lo amará, y yo también lo amaré y me manifestaré a él» (Juan 14:21). *Jesús dijo que la obediencia es la prueba del amor, y el amor nos lleva a una intimidad increíble con el Padre.* Además, abre el cariño de Cristo y Su revelación al corazón humano. No hay nada más deseable que el hecho de que Jesús se manifieste a mí, ¡personalmente! Por la esperanza de verlo, voy a abrazar todo mandamiento de Su boca. Escojo obedecerlo, no, porque soy fortalecido al ver que ello cambia la vida de las personas, sino porque Su presencia es tan dulce cuando lo obedezco. Mi corazón arde con el celo por Su intimidad, y la obediencia, lo único que hace, es alimentar ese fuego.

La obediencia edifica bases inconmovibles

«Por tanto, todo el que me oye estas palabras y las pone en práctica es como un hombre prudente que construyó su casa sobre la roca. Cayeron las lluvias, crecieron los ríos, y soplaron los vientos y azotaron aquella casa; con todo, la casa no se derrumbó porque estaba cimentada sobre la roca. Pero todo el que me oye estas palabras y no las pone en práctica es como un hombre insensato que construyó su casa sobre la arena. Cayeron las lluvias, crecieron los ríos, y soplaron los vientos y azotaron aquella casa, y ésta se derrumbó, y grande que su ruina»
(Mateo 7:24-27).

Notarán que la tormenta afectó tanto a aquellos que hacían lo que Jesús decía como a aquellos que no. Nadie está exento. Las tormentas, seguramente, estarán esperándote en el camino. La pregunta es: ¿sobrevivirás? ¿Serán tus cimientos lo suficientemente fuertes para soportar los vientos y las crecidas? Aquellos que caminan en obediencia radical se han preparado para las tormentas y las podrán vencer. «Si hubieras prestado atención a mis mandamientos, tu paz habría sido como un río; *tu justicia, como las olas del mar*» (Isaías 48:18). Cuanto mayores son los vientos que asaltan al obediente, más se levanta su justicia como poderosas olas, rompiendo en la playa, en estruendosa majestad, la fragancia de Dios.

Por supuesto, hay muchos más beneficios, aparte de los cuatro recién mencionados. ¡Pero estoy tratando de que este capítulo del libro sea corto! Consideren dos breves pensamientos más, concernientes a la obediencia. El primero viene a través de María, la madre de Jesús.

María nos da una de las más grandes sentencias sobre la obediencia: «Hagan lo que él les ordene» (Juan 2:5). Los verdaderos siervos se encuentran sentados a los pies de Jesús («y donde yo esté, allí también estará mi siervo» Juan 12:26). Entonces, cuando él habla, ellos obedecen.

Los siervos no intentan darle al Maestro una idea mejor, no se quejan porque piensan que la tarea es estúpida, no tratan de decidir si están de buen ánimo para hacerlo ya mismo, no determinan si la tarea es digna para que la hagan. Solo la hacen. «"Así también ustedes, cuando hayan hecho todo lo que se les ha mandado, deben decir: 'Somos siervos inútiles; no hemos hecho más que cumplir con nuestro deber'"» (Lucas 17:10).

Cuanto más se acerca a Dios, más obediente debe ser. Algunos escogen el nivel de obediencia a través del cual procuran evitar el pecado y elegir la rectitud. Ese era el que vivió el pueblo de Israel, que conocía los hechos de Dios. Sin embargo, Moisés conocía Sus caminos. Por lo que su nivel de obediencia era, por necesidad, mucho más alto. El tema, para Moisés, ya no era tan simple: «¿Esta acción está bien o mal?», sino: «¿Era el mandamiento de Dios?» Por ejemplo, cuando él estaba en la montaña de Dios, la orden fue: «Quédate detrás de la peña. Porque si sales de la protección de la roca y ves Mi rostro, morirás. Moisés, ahora mismo estás tan cerca de Mí que, si haces un movimiento equivocado, verás mi rostro y tendrás un paro cardíaco en el acto». Ahora, ¿hay algo malo o pecaminoso en asomarse de detrás de una pared de roca? No. Pero, cuando está tan cerca de Dios, es imperativo que siga Sus instrucciones al pie de la letra y se quede donde él lo está colocando. Vale la pena repetirlo: *Cuanto más cerca esté de Dios, más obediente debe ser.*

5

El secreto del arrepentimiento rápido

Ocho veces, las Escrituras nos mandan: «Tengan, pues, cuidado» (Éxodo 19:12; Deuteronomio 4:23; 11:16; Jeremías 17:21; Lucas 17:3; 21:34; Hechos 5:35; 20:28). En dos ocasiones, esas palabras son pronunciadas personalmente por Jesús. Esto de tener cuidado es una función primaria del lugar secreto. *La oración es la calibración constante del alma.* Es un estilo de vida que consiste en detenerse y realizar un sincero inventario espiritual. Esto no es paranoia espiritual, más bien, es el ejercicio de uno que tiene un sano temor de Dios y un deseo sublime de alcanzar alturas gloriosas en la intimidad con él. El devoto está constantemente probando su fervor espiritual, atención, fidelidad, pureza, amor, obediencia, crecimiento en gracia, etc.

Es en el lugar secreto donde encuentro que «mi espíritu medita e inquiere» (Salmo 77:6). Deseo tanto agradarle y conocer Su voluntad, que mi espíritu, diligentemente, busca en lo más recóndito de mi corazón para ver si hay algo en mí, de lo que necesito arrepentirme. No quiero nada de mi vida personal que impida mi relación con él o con sus propósitos para que estemos juntos. Me siento como buscando oro; los hallazgos son pocos y no pesan lo que hubiera deseado.

He aquí un excelente consejo: *Conviértase en un buen arrepentido.* La única manera de avanzar en Dios es a través del arrepentimiento. Si su orgullo se lo impide, sobrepóngase. Usted es

25

un malvado. Necesita de la misericordia de una manera tan impresionante que asusta. Despierte y domine el arte del arrepentimiento. Mencione su pecado con los peores términos posibles. Humíllese. Muerda el polvo.

Recuerdo el día en que desperté a la realidad de que vivía en un nivel por debajo de la gloria de Dios. Lo vi al leer la historia de Jesús, en que multiplicó los panes y los peces para cinco mil: «Cuando Jesús alzó la vista y vio una gran multitud que venía hacia él, le dijo a Felipe: "¿Dónde vamos a comprar pan para que coma esta gente?" Esto lo dijo sólo para ponerlo a prueba, porque él ya sabía lo que iba a hacer» (Juan 6:5-6). Jesús estaba probando a Felipe para ver si vivía en la zona de la gloria. Éste debía encontrarse en otra dimensión para conocer la respuesta a la prueba, que, simplemente, era: «Señor, sólo parte estos panes y peces y multiplícalos para la multitud». Felipe no aprobó el examen porque sus pensamientos estaban un universo por debajo de los de Jesús (Isaías 55:9) Entonces, lo vi tan claramente: ¡Fracaso prácticamente cada día en la prueba de Felipe! Estoy tan atado a mis perspectivas terrenales que soy casi inconsciente de la dimensión de la gloria en la que Jesús vive. Puedo afirmar con seguridad que, separado de la gracia de Dios, nunca puedo alcanzar la excelencia de Su gloria. ¿Necesito arrepentirme continuamente? ¡Acertó!

Amado, oro para que pueda obtener el secreto del arrepentimiento radical y rápido. Este abre los canales a la íntima comunión con Dios. Cuando se encuentre en el lugar secreto, apresúrese a confesar su incredulidad y dureza de corazón. No haga que él le mencione el tema. Póngase rápido de acuerdo con él, al dirigirse al lugar.

Cuando hablo de arrepentimiento en este capítulo, no me refiero a pecados como la mentira, la fornicación, el robo, las maldiciones, la pornografía, el odio, las borracheras o el no diezmar. Estos son tan obvios que ni siquiera necesitas la convicción del Espíritu Santo para saber que estás en desobediencia. La palabra de Dios en relación a esos pecados es evidentemente clara. La sinceridad y una conciencia limpia ni siquiera se asoman hasta que no tratamos con esa clase de pecados evidentes.

No, no estoy hablando sobre pecados obvios, sino de arrepentirnos de nuestras *iniquidades*. Ellas son las faltas ocultas que no vemos, los residuos malvados de nuestra naturaleza caída que destiñe la estructura de nuestros pensamientos, motivos, sentimientos, reacciones y deseos. Están envueltas en muchas áreas sutiles de la pecaminosidad, como el orgullo, la rebelión, la incredulidad, la envidia, el egoísmo, la ambición y la codicia.

Todos tenemos bolsillos ocultos de iniquidad y necesitamos la ayuda de Dios para verlos. No puedes arrepentirte de algo que no ves; por lo tanto, él te ayudará. Dios tiene muchas maneras de traer nuestras maldades a la superficie, donde podamos verlas, y ellas están resumidas bajo la metáfora espiritual del *fuego*. Cómo lo hace es el tema de este pasaje:

> «*A pesar de todo, el fundamento de Dios es sólido y se mantiene firme, pues está sellado con esta inscripción: "El Señor conoce a los suyos", y esta otra: "Que se aparte de la maldad todo el que invoca el nombre del Señor". En una casa grande no sólo hay vasos de oro y de plata, sino también, de madera y de barro; unos, para los usos más nobles y otros, para los usos más bajos. Si alguien se mantiene limpio, llegará a ser un vaso noble, santificado, útil para el Señor y preparado para toda obra buena*» (2 Timoteo 2:19-21).

Pablo dice que la vida cristiana está fundada en dos poderosas realidades: Cristo nos conoce; y nos apartamos de la iniquidad, cuando la vemos.

Mientras está en el lugar secreto meditando en la Palabra, Dios usará el fuego de las circunstancias, mezclado con el de aquella, para revelarle sus faltas escondidas. Mientras contempla Su perfección y Su belleza, repentinamente, se verá en una luz completamente nueva. Sentirá Su aceptación incondicional, a pesar de su debilidad; y, también, Su firme compromiso para moldearlo a la imagen de Cristo. En ese momento, estará parado en el umbral de una maravillosa oportunidad: la de abrazar el rápido arrepentimiento. Para el devoto, este es realmente emocionante; se convierte en la oportunidad de alejarse de las cosas que han estado ocultando el amor; y, como tal, se vuelve el catalizador para una mayor y más profunda intimidad con Dios que la que habíamos conocido hasta entonces. Cuando nos arrepentimos rápidamente de esas cosas que la palabra de Dios está revelando, experimentamos la complacencia del Padre de manera palpable. La luz de Su faz, tocando nuestros corazones, realmente nos hace sentir Su deleite ante nuestra sensibilidad.

Al arrepentirnos de nuestras iniquidades, que el fuego trae a la superficie, estamos, realmente, comprando oro refinado en el fuego (Apocalipsis 3:18). Un modelo consistente de rápido arrepentimiento hará que nos volvamos un vaso de oro o de plata, útil a los nobles propósitos del Maestro. Los que se resisten a aquél no necesariamente pierden su salvación, pero no pasan de ser vasos de madera o de barro. Son útiles para el Maestro, solo en propósitos sin honor (en una gran casa hay también necesidad de destapar baños y juntar la basura).

La seguridad del pasaje anterior es clara: El arrepentimiento rápido de la iniquidad nos permitirá progresar hacia propósitos más nobles en la gran casa de Dios y profundizará nuestro entendimiento de la relación con él.

6

El secreto de sembrar

«No se engañen: de Dios nadie se burla. Cada uno cosecha lo que siembra. El que siembra para agradar a su naturaleza pecaminosa, de esa misma naturaleza cosechará destrucción; el que siembra para agradar al Espíritu, del Espíritu cosechará vida eterna.
No nos cansemos de hacer el bien, porque a su debido tiempo cosecharemos, si no nos damos por vencidos» (Gálatas 6:7-9).

Probablemente, la mayor lucha de los cristianos, cuando llegan al lugar secreto, es sentir que están «perdiendo el tiempo», que no logran nada en su momento de oración y de meditación. Es muy tentador, en esa debilidad, pasar a otra cosa y decir, con los hombros encogidos: «Bueno, posiblemente mañana esté mejor».

Algunos nos hemos desalentado tanto con sentimientos de ineficacia que hemos caído en una depresión de abandono. ¡Espero que el secreto de este capítulo lo ayude a volver al camino!

Este es el increíble secreto de Gálatas 6: *Cuando siembras en el Espíritu, al entregarle un tiempo dedicado al lugar secreto, finalmente, segarás vida en el Espíritu. Finalmente.* Con frecuencia, hemos aplicado este texto a la gracia de dar financieramente; pero se refiere, también, a la de buscar a Dios en atenta meditación. Es imposible sembrar en el Espíritu sin recoger su cosecha correspondiente.

Cuando hablo de sembrar, estoy aludiendo a dar de su *tiempo* al lugar secreto. Hablo de establecer patrones y hábitos que le permitan pasar tiempo importante con Dios en el lugar secreto, de manera habitual. Esta clase de siembra *producirá* una cosecha en su caminar con él. Lo cambiará, y, a su tiempo, comenzará a afectar todo a su alrededor.

Este secreto me ha llevado a momentos en que estaba muy tentado de abandonar mi intensa búsqueda de Dios. Cuando estuve en retiros de ayunos, por ejemplo, fui muchas veces provocado con sentimientos tales como el de que mi ayuno no servía para nada en el Espíritu. Justo en esos momentos, me recuerdo a mí mismo que si continúo sembrando, un día recogeré. Dejo de mirar mis frustraciones presentes y pongo mi confianza en la palabra de Dios de que, a su tiempo, una cosecha vendrá a mi vida, si persevero. A menudo, he experimentado los secretos de este capítulo. Muchas veces pensé que mi tiempo en el lugar secreto era aburrido y olvidable, pero una perspectiva posterior mostró que fue, de hecho, un tiempo poderoso con Dios. He descubierto que el impacto real del lugar secreto no es usualmente evidente, hasta un tiempo después.

Vivimos en una cultura que evalúa sus prioridades teniendo en cuenta los resultados inmediatos. Las voces del mundo nos demandan producción. ¡Ahora! La carrera para lograrlo puede impedirnos una adecuada inversión en el lugar secreto. No debemos evaluar nuestro progreso espiritual sobre la base de cuántos proyectos hemos cumplido o de cuántas metas alcanzamos hoy. Nuestra vida de devoción con Dios se parece más a las plantas de un jardín. Cuando terminamos de sembrar en el lugar secreto, habitualmente no podremos mostrar resultados o beneficios inmediatos. *¡Lo que sembramos hoy requerirá una estación completa de crecimiento, antes de ver la manifestación de los resultados!*

Sembrar suele ser muy prosaico, aburrido y bajo. Rara vez, se ven en el momento los beneficios. Por lo común, se necesita un período de tiempo antes de que se hagan evidentes. La verdadera cosecha espiritual extrañamente es instantánea. El creyente sabio que comprende esto se dedicará a la ardua siembra, sabiendo que, en el momento apropiado, cosechará, si no se desanima. «El que labra su tierra tendrá abundante comida,…» (Proverbios 12:11). Para tener una cosecha, debe labrar (preparar) la tierra de su corazón y luego plantar la palabra de Dios en él. Esta es una poderosa semilla que finalmente produce una poderosa cosecha, si la tierra de nuestros corazones está bien.

Cada momento que pase en el lugar secreto es una inversión en las realidades eternas. Dios lleva cuentas de sus trabajos y considera cómo honrará su devoción. Si persevera en la fe y en el amor, las semillas que producirán una cosecha en su corazón son plantadas en él. De manera que, haga lo que haga, ¡no abandone! Cuando sienta que no tiene resultados, persista e invierta aún más. La palabra que ha sido sembrada en su corazón, hoy, germinará, brotará, echará raíces profundas, extenderá sus ramas y producirá frutos. *Atrape el secreto: ¡Aquel que siembra, con toda certeza, segará!*

7
El secreto del refugio

Hay un sitio de refugio para las tormentas de la vida. Ellas, inevitablemente, nos asaltarán en este vuelo terrenal; pero hay donde refugiarse. Me refiero, por supuesto, al lugar secreto.

> *«Porque en el día de la aflicción él me resguardará en su morada; al amparo de su tabernáculo me protegerá, y me pondrá en alto, sobre una roca» (Salmo 27:5).*

> *Al amparo de tu presencia los proteges de las intrigas humanas; en tu morada los resguardas de las lenguas contenciosas (Salmo 31:20).*

Hay un lugar donde Dios protege a sus amados: en el santuario de su presencia. El diccionario Webster define santuario como «Un lugar de refugio; asilo; más allá, inmunidad». La morada de Dios es un santuario para el soldado abatido por la guerra, un lugar de inmunidad del acoso del enemigo.

David escribió: «Te he visto en el santuario y he contemplado tu poder y tu gloria» (Salmo 63:2).

El título del Salmo 63 dice: «Salmo de David, cuando estaba en el desierto de Judá». Por tanto, mi pregunta fue ¿cómo pudo David escribir sobre mirar a Dios en el santuario, cuando estaba huyendo para guardar su vida del Rey Saúl? Estaba totalmente aislado, un fugitivo político que se escondía en el desierto, ¡y pasó varios años allí! No tenía acceso al lugar donde residía el arca; por lo que, obviamente, no estaba hablando de él. Cualquier intento de acercarse allí le hubiera costado la vida. ¿Qué santuario había encontrado David? Creo que se estaba refiriendo a su vida secreta con Dios. Aun cuando no podía adorar delante del arca, descubrió el lugar secreto como el refugio del torbellino de emociones y de problemas que bombardeaban constantemente su alma. Aquí podía ventilar sus ansiosos pensamientos; aquí podía ser renovado en el amor de Dios al contemplarlo en su belleza; aquí podía tranquilizarse en la confianza de la protección de su Padre Celestial; aquí era sanado de las heridas por el rechazo de los hombres; aquí renovaba sus fuerzas para la jornada; aquí estaba a salvo.

El lugar secreto es como el ojo de la tormenta. Mientras todo alrededor es tempestad, encontramos un santuario interior de descanso y de paz. Hay algo de paradoja en él, porque estamos experimentando, simultáneamente, tanto la tormenta como la paz. Cuando nos retiramos al lugar secreto, la tempestad no se detiene. De hecho, a veces parece que corremos al Señor por ayuda ¡y aumenta en intensidad!

Muchos cristianos se han ofendido por el hecho de que, cuando comenzaron a consagrarse al lugar secreto, la batalla alrededor de sus vidas realmente se incrementó. En vez de encontrar refugio, hallaron turbulencia. Esto puede ser intrigante y, por ello, merece un comentario.

Mientras que el lugar de oración es un lugar de inmunidad, es también uno de los lugares favoritos de Satanás para atacar al devoto. Cuando buscaban destruir a Daniel, el único resquicio que en su armadura pudieron encontrar sus enemigos fue su vida de oración. Por lo tanto, lo atacaron allí. La única manera que Judas conocía de entregar a Jesús a los oficiales de los sacerdotes era traicionándolo en el lugar de oración. Por ello, el lugar secreto es tanto un lugar de santuario como de los ataques estratégicos del enemigo. La seguridad del creyente, sin embargo, es que cuando es atacado allí, el Padre está ejerciendo una jurisdicción soberana sobre todo el asunto. *Nada puede sucederle en el lugar secreto que él, específicamente, no permita, para sus sublimes propósitos.* Usted está completamente inmunizado contra todo lo que esté fuera de Su voluntad.

El Salmo 91 trata de esta tensión entre la seguridad y las tribulaciones. Arranca con esta poderosa confianza: «El que habita al abrigo del Altísimo se acoge a la sombra del Todopoderoso». Entonces, pensamos «¡Bravo! ¡Nada puede tocarme allí!» Pero el resto del salmo parece contradecir esa idea. El versículo tres habla sobre ser atrapado por el cazador o por plagas mortíferas. (El hecho que Dios nos libera de esas cosas no niega la realidad del dolor que experimentamos cuando inicialmente somos atrapados en sus garras). El salmo también describe los terrores nocturnos, las flechas que vuelan de día, la pestilencia que camina en la obscuridad y la destrucción que arrasa al mediodía. El versículo quince señala los grandes problemas personales, el consuelo es que el Señor estará presente en el tiempo de tribulación y traerá liberación. Pero esperar en Dios hasta que la liberación llegue puede ser un tiempo de agonía.

Como ya mencionamos, algunos cristianos se ofenden por el aumento de la batalla que encuentran cuando se consagran al lugar secreto. Es esta ofensiva a la que, pienso, se refiere el Salmo 91:7: «Podrán caer mil a tu izquierda, y diez mil a tu derecha, pero a ti no te afectará». Aquellos que están a tu lado son tus compañeros de batalla. Se ofenden porque Dios permite que semejante calamidad golpee sus vidas después de haber sido tan fieles. Aun si un millar de tus camaradas caen en calamidad y nunca descubren el poder de la resurrección de Dios, pero llevan Sus promesas a la tumba, no será así contigo. Aun si diez mil de tus compañeros creyentes no son libres, él será tu libertador. *El Salmo 91 debe ser visto como dirigido, no, a todos los creyentes, sino a una clase específica: la de aquel que habita en el lugar secreto del Todopoderoso.* Miles de creyentes pueden caer aquí o allá, pero no pasará cerca de ti porque has aprendido a morar.

Cuanto más nos acercamos, en intimidad con el Señor, más real será la batalla que enfrentemos. Francis Frangipane lo describe con esta frase: «Nuevos niveles, nuevos demonios». Mientras el ataque aumente, nuestro clamor se intensifica: «¡Escóndeme!».

Mientras el cuerpo y el alma pueden estar afligidos con creciente hostigamiento y abuso, el espíritu está encontrando un lugar de gran protección e intimidad bajo la sombra del Omnipotente (ver 2 Corintios 4:8-11). El Espíritu nos guía a un lugar de mayor paz espiritual y consuelo que inflama nuestra alma con una pasión mayor por Jesús, que, a su tiempo, alimenta la ira de nuestros torturadores.

Mi amigo, que pueda hallar gracia para tomar la decisión ahora: Pierda su vida, y persiga el lugar secreto del Altísimo. Es el camino de la cruz. La cruz es donde soportamos los grandes ataques, aun así, no hay lugar más seguro en el universo para estar.

¡Cómo deseo dirigir su corazón a este lugar de refugio! ¿Los vientos se arremolinan sobre su cabeza? ¡Corra al Señor! Un refugio es algo a donde huye. Un refugio no se erige automáticamente alrededor suyo; usted debe buscarlo y correr a su amparo hacia un puerto seguro. Como dice la Escritura: «para que, mediante la promesa y el juramento, que son dos realidades inmutables en las cuales es imposible que Dios mienta, tengamos un estímulo poderoso los que, *buscando refugio*, nos aferramos a la esperanza que está delante de nosotros» (Hebreos 6:18). Si Dios va a ser su refugio, usted debe huir hacia él. El clamor es: «¡Oh, Señor, estoy por ser consumido, corro a Ti! ¡Escóndeme!».

«Sé tú mi roca de refugio adonde pueda yo siempre acudir» (Salmo 71:3).

¡Gracias, Señor, por el don del lugar secreto!

8

El secreto del tomar decisiones

Tiene que tomar una decisión importante y no sabe qué hacer? ¡Corra al lugar secreto! Porque, para Dios, no solo es importante cuál es, sino también, *cómo* llegó a ella. Es posible que ante una bifurcación en el camino tome la senda correcta y, aun así, esté lejos del Señor, en su corazón. Jesús quiere que sus decisiones se originen en la intimidad con él.

Cuando hubo de tomar determinaciones trascendentes, Jesús dejó un ejemplo, al dirigirse al lugar secreto: Él sabía que era de importancia crítica que escogiera con precisión a los hombres correctos para que fueran apóstoles, porque ellos cambiarían el mundo. De manera que, cuando fue el tiempo de la elección de «los doce», entre todos los que le seguían, estuvo a solas, en oración, con su Padre.

«Por aquel tiempo, se fue Jesús a la montaña a orar y pasó toda la noche en oración a Dios. Al llegar la mañana, llamó a sus discípulos y eligió a doce de ellos, a los que nombró apóstoles: Simón (a quien llamó Pedro), su hermano Andrés, Jacobo, Juan, Felipe, Bartolomé, Mateo, Tomás, Jacobo hijo de Alfeo, Simón, al que llamaban el Zelote, Judas hijo de Jacobo, y Judas Iscariote, que llegó a ser el traidor» (Lucas 6:12-16).

Aun la elección de Judas, el traidor, estaba inundada de oración. De hecho, ella lo estaba en forma especial, porque él sabía de antemano que, finalmente, resultaría en la horrible destrucción de Judas y en su tormento eterno. Una decisión de semejante peso garantizaba una noche completa de intensa oración en soledad.

Su «Abba» Padre lo ama muchísimo; él está profundamente interesado en cada cuestión de su vida y desea estar incluido en el proceso de cada decisión suya. Él, personalmente, dijo eso con estas palabras:

El Señor dice: «Yo te instruiré, yo te mostraré el camino que debes seguir;   yo te daré consejos y velaré por ti. No seas como el mulo o el caballo, que no tienen discernimiento, y cuyo brío hay que domar con brida y freno, para acercarlos a ti» (Salmo 32:8-9).

La frase clave en estos versículos es: «para acercarlos a ti». El caballo y la mula, así dice la Escritura, deben ser domados con brida y freno, si quiere acercarse a ellos. No se aproximan por propia voluntad.

El Señor está diciendo: «No quiero guiarte a la distancia. No quiero ponerte un freno en la boca y sacudirte alrededor para poder tener tu atención y encaminarte. Quiero que te acerques a Mí, apresúrate a estar cerca de Mi corazón, y permite que dirija tu vida a un lugar de intimidad y comunión».

Note que el Señor dice que el caballo y la mula «no tienen discernimiento», y esta es la razón por la que no se acercan. No entienden que la cercanía al Maestro producirá para ellos grandes beneficios. Una mula quiere siempre salir y vagar por donde ella quiere; pero, al hacer eso, la bestia se vuelve totalmente inútil e infructuosa. Algunas personas son obstinadas. No lo entienden. Se alejan (en una independencia ignorante) de la mismísima fuente de la vida, del amor y el cuidado. No ha penetrado en su grueso cráneo que el mejor lugar para estar y quedarse en el universo es, justo, al lado de Dios. El Salmo 14:2, claramente, dice que la evidencia del entendimiento es que uno busque a Dios. La cosa más inteligente que jamás hará en la vida es acercarse a Dios y buscarlo con todo su corazón.

Cuando procure esta intimidad, comenzará a abrir los grandes secretos de la vida. Aquí, él te guía con Su ojos y dirige tu corazón con Su corazón. A veces, tratamos de tomar decisiones en la vida, basadas en nuestra apreciación de las circunstancias y condiciones que nos rodean. No obstante, el Señor no quiere que obtengamos dirección atendiendo a las cosas de afuera, sino más bien, a las de arriba. Él quiere que recibamos dirección en la vida, contemplando Su belleza, disfrutando Su majestad y esplendor; y, así, seamos guiados por la mirada de Sus ojos. ¡Se puede comunicar tanto a través de la expresión y la mirada! *Fije la mirada en Su boca hasta que él le hable. Mire Su ojo hasta que Su mirada le dirija al camino en que debe andar.*

Aquellos que toman decisiones basadas en datos externos se vuelven termómetros de la sociedad: Sus vidas reflejan las fuerzas naturales que determinan su destino. Pero aquellos que toman sus decisiones basadas en lo que ven en Dios se vuelven termostatos de la sociedad: Ellos influyen en su mundo, a través de la fortaleza de traer iniciativas divinamente recibidas, para influir en esta esfera terrenal.

La intimidad precede al entendimiento. La pasión precede al propósito. Primero está el lugar secreto, luego viene la guía divina. Dios no quiere que simplemente esté en el camino correcto. Quiere que disfrute su viaje. No, que encuentre Su voluntad y luego que se aleje, dejándola en la polvareda. El deseo primario de Dios para su vida no es que descubra Su voluntad y camine en ella, sino que se acerque tanto a él que llegue a conocerlo. ¡Dios quiere ser conocido! Después, él desea que de esa relación de conocimiento llegue un suave caminar juntos en sus propósitos.

Perseguir una relación de conocimiento con Dios en el lugar secreto no es solo la cosa más inteligente que jamás hará, es también una de las llaves más grandes para descubrir su destino más elevado en Dios. Deténgase, pues, aquí mismo. No necesita leer el capítulo que sigue enseguida. Cierre este libro y busque un rincón silencioso con su Amigo. ¡Disfrútelo!

9

El secreto de no tener un plan B

Uno de los más grandes secretos para la intimad con Dios es acudir a él como la única fuente de ayuda y esperanza. «Señor, en esta situación no tengo un plan B, no tengo otras opciones a donde recurrir, si tú no lo haces. ¡Eres el único que puede ayudarme!» Le encanta cuando usted lo mira en busca de liberación. Lo inverso también es verdad: Su celo se enciende cuando contemplamos otros salvadores.

El Señor se burló de la idolatría del pueblo de Israel al señalar la esperanza vana que un pedazo de madera ofrecía:

Derriba los cedros, y escoge un ciprés o un roble, y lo deja crecer entre los árboles del bosque; o planta un pino, que la lluvia hace crecer. Al hombre le sirve de combustible, y toma una parte para calentarse; enciende un fuego y hornea pan. Pero, también, labra un dios y lo adora; hace un ídolo y se postra ante él. La mitad de la madera la quema en el fuego, sobre ella prepara su comida; asa la carne y se sacia. También, se calienta y dice: «¡Ah! Ya voy entrando en calor, mientras contemplo las llamas». Con el resto, hace un dios, su ídolo; se postra ante él y lo adora. Y, suplicante, le dice: «Sálvame, pues tú eres mi dios». No saben nada, no entienden nada; sus ojos están velados y no ven; su mente está cerrada, y no entienden. Les falta conocimiento y entendimiento; no se ponen a pensar ni a decir: «Usé la mitad para combustible; incluso, horneé pan sobre las brasas, asé carne y la comí. ¿Y haré algo abominable con lo que queda? ¿Me postraré ante un pedazo de madera?» Se alimentan de cenizas, se dejan engañar por su iluso corazón, no pueden salvarse a sí mismos, ni decir: «¡Lo que tengo en mi diestra es una mentira!» (Isaías 44:14-20).

Cuando estaba meditando en este pasaje, El Señor me dio una definición de un dios falso. Ella me ayuda porque, aun cuando en nuestra cultura occidental hay pocas personas que realmente adoran figuras de madera o de piedra, nosotros también tenemos nuestros dioses falsos. En este pasaje, el Señor describe a los idólatras diciéndole a su bloque de madera: «¡Líbrame, porque tú eres mi dios!». De modo que un dios se define así: *cualquier cosa a la que asignamos el poder de librarnos.*

Los occidentales tienen su propio conjunto de dioses falsos, fuentes a las que acuden para liberación en los tiempos de crisis o de necesidad (para que el lector comprenda):

—Dinero
—Seguro de salud
—Tratamiento médico/recetas
—Seguro Social
—Planes de jubilación y pensiones
—Tarjetas de crédito/ prestamos de consolidación
—Drogas/alcohol
—Placer/entretenimiento/recreación/deportes
—Sexo
—Amigos (para liberarnos de la soledad)
—Consejeros
—Juicios
—Bancarrotas
—Etc.

Estos salvadores compiten por nuestra lealtad. Doquiera nos volvamos, los dioses de nuestra cultura están ofreciendo sus poderes. Los comerciales de televisión promueven muchas alternativas para dar alivio: «¡Pruébame! Deja que cure tu dolor. Soy tu respuesta. No busques más. Ven a mí, te daré libertad».

Algo dinámico sucede en su espíritu cuando mira a alguna de estas fuentes para liberación y dice: «¡No! Dios, tú solo eres mi Libertador!». No solo su espíritu es enternecido por semejante amor; la respuesta del Padre, en la manera que él se mueve, no tiene ningún paralelo.

Los adoradores de Dios son aquellos que acuden *primero* a Dios, en su tiempo de necesidad. Buscan Su rostro y esperan en él para recibir directivas y saber qué camino seguir. El lugar secreto se convierte en el umbral donde esperamos en Dios, buscando Su poderosa intervención, y clamando por sabiduría y revelación.

Ocasionalmente, el Espíritu le dirá: «En esta instancia, quiero que esperes en Mí, solamente, y permanezcas en fe hasta que Yo intervenga con mi poder en tu situación». Cuando Dios le da esta palabra, *¡ajuste su cinturón de seguridad!* Está listo para el viaje de su vida. Está entrando a la zona de Dios. Aquí encontramos el material para los milagros. Esta es la dimensión donde Dios se levanta en Su ira y venganza y causa destrozos sobre sus enemigos. Su tarea es mirarle, amarle, y crecer en paciencia y en fe; la tarea de Dios es soltar su poder de resurrección, en su tiempo y a su manera. No todas las crisis que usted enfrenta caen dentro de esta categoría, pero cuando sucede... ¡entusiásmese! Está entrando en la supercarretera de los grandes santos de la historia, el camino donde Dios revela el poder de Su brazo, el esplendor de Su majestuosa belleza, y lo impresionante de Sus eternales propósitos.

Es en relación a esta gloriosa dimensión que David señala:

«Sólo en Dios halla descanso mi alma; de él viene mi esperanza. Sólo él es mi roca y mi salvación; él es mi protector y no habré de caer. Dios es mi salvación y mi gloria; es la roca que me fortalece; ¡mi refugio está en Dios! Confía siempre en él, pueblo mío; ábrele tu corazón cuando estés ante él. ¡Dios es nuestro refugio! Selah» (Salmo 62:5-8).

Mientras escribo este capítulo, estoy, personalmente, en una gran necesidad de la intervención divina en relación con una enfermedad física. Estuve tentado a considerar otras formas para aliviarme, como las mencionadas anteriormente. En cambio, le dije al Señor: «Tú solo eres mi Ayudador. Si tú no me salvas, no estoy salvado. Si tú no me sanas, no estoy sanado. Si tú no me liberas, no estoy libre. No tengo otro recurso, ningún plan B, ningún plan alternativo. No estoy considerando otras opciones. Eres tú y solamente Tú. Te adoro. ¡Tú eres mi Dios!».

Este es aquel «un solo ojo» que Jesús señaló. Jesús dijo: «El ojo es la lámpara del cuerpo. Por tanto, si tu visión es clara, todo tu ser disfrutará de la luz» (Mateo 6:22). La Antigua Versión Reina Valera dice «si tu ojo fuere sincero». Ya sea que se traduzca «clara» o «sincero», la palabra griega original significa tener un enfoque singular, sin duplicidad; cuando su ojo está enfocado solo en Dios como su Salvador y Liberador, usted abre la plenitud de luz que él destina para llenar por completo su ser.

Este enfoque singular era por lo que David oraba: «Instrúyeme, Señor, en tu camino, para conducirme con fidelidad. *Dame integridad de corazón para temer tu nombre*» (Salmo 86:11). Al orar: «Dame integridad», David estaba diciendo: «Señor, dame un corazón sin divisiones, un enfoque singular que te vea solo ti como el poder soberano que debe ser temido y adorado».

En mi experiencia, he encontrado que el Señor nos probará para ver si verdaderamente poseemos esta realidad. Él permitirá que una gran tormenta descienda sobre nuestras vidas, con un propósito estratégico. Nuestro reflejo natural será encontrar una fuente de alivio inmediato. Tratamos de explorar todas las opciones.

¿Es posible, sin embargo, que esta tormenta haya venido para guiarlo a una dimensión más elevada de vida en el reino? Espero que pueda aprender el secreto: Cuando golpea la tormenta, corra al lugar secreto, asiente su espíritu, y dígale a él con firme resolución: «Solo tú eres mi expectativa». Nuestro Dios ama mostrarse a sí mismo fuerte, en beneficio de aquellos que no tienen otros dioses delante de él.

10

El secreto de arder

Es el lugar secreto el que enciende nuestro fuego y nos hace arder. Estoy hablando sobre un celo encendido, ardiente por la faz de Jesús y por los asuntos de Su reino. Él vino a encender un fuego en la tierra (Lucas 12:49), con el que intentaba envolvernos con Sus mismos deseos y pasión, que, para mantener su intensidad, debe ser constantemente avivado con profunda vehemencia por el lugar secreto.

Usted está destinado para el fuego. Arderá por toda la eternidad, la única pregunta es *dónde*. El deseo de su corazón es ser una llama viviente, encendida con la alegría de la contemplación de Su belleza, adorándolo con una entrega abierta, desplegado en el mundo con dominio propio y un celo intencionado que no aprecia su propia vida, aun hasta la muerte. Usted tiene algo por qué vivir porque tiene algo por qué morir. Anhela ser una antorcha de santidad, que es la razón por la que nunca estará satisfecho con el status quo del cristianismo.

La palabra de Dios es fuego (Jeremías 23:29), y Su presencia está totalmente sumergida en fuego (Ezequiel 1:4, 27; Daniel 7:9). Cuando se acerca a Dios, usted se está acercando al gran infierno ardiente de los siglos. Para encenderse con el fuego, debe acercarse a Dios. *Cuando se sienta frío, distante, y «alejado» espiritualmente, es tiempo de retirarse a lo secreto, poner su ser delante del fuego de su palabra y permitir que la intensidad de su rostro restaure su fervor.* El secreto de permanecer encendido para Jesús no está en responder a los llamados del altar (tan buenos como estos son); no está, tampoco, en que alguien imponga las manos y ore por usted (tan válido como esto es); no está en escuchar una buena enseñanza en una cinta o el último CD de adoración; la única fuente segura para permanecer bien caliente es dedicarse consistentemente al lugar de la puerta cerrada, donde el «espíritu abrasador» (Isaías 4:4) enciende su alma mientras mira su gloria a cara descubierta (2 Corintios 3:18).

¿Desea una mayor compulsión por el lugar secreto? Invite al Ardiente, el Espíritu Santo, para que prenda la llama eterna de su encendido celo en su vida. La Escritura dice, «¿O creen que la Escritura dice en vano que Dios ama celosamente al espíritu que hizo morar en nosotros?» (Santiago 4:5). El propósito de este celo anhelante es que la novia de Cristo pueda ser envuelta con una pasión ardiente y exclusiva por su amado. No hay otra oración más peligrosamente sublime que esta: «Espíritu Santo, deja que tu ardiente celo pueda consumir mi vida, hasta que cada afecto y cada dios falso que compiten sean completamente quitados y hasta que una única pasión, arrasadora y que todo lo consume, llene mi ser entero de amor por el completamente Amado, Cristo Jesús!».

El libro de Apocalipsis describe al Espíritu Santo de esta manera: «Del trono salían relámpagos, estruendos y truenos. Delante del trono ardían siete antorchas de fuego, que son los siete espíritus de Dios» (Apocalipsis 4:5). Le he pedido al Señor que lo mismo sea dicho de mí, ¡que pueda ser descripto como «Delante del trono ardían!».

Como un hombre que desea encenderse para Dios, he mirado el pasaje de Proverbios 6:27-28, de un modo distinto al que típicamente se lo suele mencionar. Primeramente, esos versículos están describiendo los efectos dañinos del adulterio, pero su aplicación secundaria es realmente descriptiva del lugar secreto con Dios:

«¿Puede alguien echarse brasas en el pecho sin quemarse la ropa? ¿Puede alguien caminar sobre las brasas sin quemarse los pies?» (Proverbios 6:27-28).

Cuando usted se acerca a la llama de la Palabra de Dios, está tomando realmente fuego en su seno, y las vestiduras inmundas, leprosas, de su vieja vida son consumidas. Al entrar en la ardiente presencia de Su lugar secreto, usted está caminando sobre brasas encendidas, y sus pies han sido cauterizados para transitar en el camino de la santidad, la rectitud y la obediencia. La respuesta a aquellas preguntas es «¡No! Tome la llama de Dios en su ser, y todo en su vida será diferente!» ¡Es imposible abrazar este fuego viviente y no ser cambiado! ¡Oh, Señor, traigo tu pasión a mi seno con temeroso deleite!

¡Juan el Bautista fue un hombre que ardió para Dios! El Todopoderoso lo llevó a la soledad del desierto, para encender un fuego celestial dentro de él. Cuando finalmente fue enviado al ministerio, era una llama viviente. Note que, en los versículos siguientes, tres veces Jesús pregunta: «¿Qué salieron a ver?».

«Mientras se iban los discípulos de Juan, Jesús comenzó a hablarle a la multitud acerca de Juan: "¿Qué salieron a ver al desierto? ¿Una caña sacudida por el viento? Si no, ¿qué salieron a ver? ¿A un hombre vestido con ropa fina? Claro que no, pues los que usan ropa de lujo están en los palacios de los reyes. Entonces, ¿qué salieron a ver? ¿A un profeta? Sí, les digo, y más que profeta» (Mateo 11:7-9).

Jesús testificó que, en primer lugar, la gente no fue a Juan para *escuchar* algo, sino para ver algo. Jesús lo describió como «una lámpara encendida y brillante» (Juan 5:35). Juan era un hombre que ardía con fuego celestial, un hombre que incubó su amor por Dios, a través de un compromiso firme, en la soledad del lugar secreto; y, así, se volvió una lámpara brillante para que toda la nación lo observara. La gente vino de todas partes para ver este fuego. La gente siempre es atraída por un gran fuego.

Haga algo peligroso. ¡Esté a solas con Dios! Su «fuego consumidor» quemará todo en su vida, hasta que lo que quede sea sólo amor. Este es nuestro Dios: «Él hace… a sus servidores llamas de fuego» (Hebreos 1:7). Él le hará a Usted uno, también, si Usted se lo permite.

11

El secreto de la violencia

El término «violencia espiritual» captura la intensidad con la que la generación de los últimos días buscará a Dios. Buscarán a Dios con todo su ser, negándose a sí mismos y dejando todos los enredos del pecado para poder correr la carrera con pasión, pureza y perseverancia. «El reino de los cielos ha venido avanzando contra viento y marea, y los que se esfuerzan logran aferrarse él» (Mateo 11:12).

¡Esta es la hora para buscar a Dios con violento desenfado! Las señales de los tiempos son claras; el retorno de Cristo es inminente; sentimos la urgencia del Espíritu; es tiempo de despertarnos de nuestro sueño y traer el reino de Dios como nunca antes.

La fe genuina busca a Dios sinceramente. «En realidad, sin fe es imposible agradar a Dios, ya que cualquiera que se acerca a Dios tiene que creer que él existe y que recompensa a quienes lo buscan» (Hebreos 11:6). La verdadera fe comprende no solo que Dios existe, sino que nos recompensa de acuerdo con la intensidad de nuestra búsqueda de él. Los buscadores de Dios revelan su fe por la manera en que corren. *Los hombres de fe no pueden ser distraídos o desviados de sus objetivos porque creen firmemente que Dios va a recompensar su búsqueda.* ¡Y tienen razón! La violencia espiritual comienza en el lugar secreto. Todo empieza con la manera en que usted se contrae a la disciplina de la oración, la adoración, la contemplación, el ayuno, la lectura, el estudio, la meditación, la atención, la absorción de la verdad. Aquí es donde se inicia la violencia. Dije «la absorción de la verdad» en vez de la «memorización», porque es posible memorizar la Escritura sin que esta jamás penetre su espíritu, cambiando su forma de vida y volviéndose parte integral en el lenguaje de su diálogo con Dios y con el hombre.

Una de las cosas más violentas que usted puede hacer es rendir todos los elementos que conforman su calendario y de manera consistente sacar tiempo para encerrarse en el lugar secreto. En los tiempos de mayor ocupación, puede parecer que miles de voces están clamando por nuestra atención. ¿Qué voz va a mandar, la voz de las tareas incompletas o la suave voz que lo llama al lugar secreto? Desenvaine su espada contra los agresivos tentáculos que buscan ahogar su vida secreta con Dios. *¡Esté a solas con Dios, hombre de violencia! ¡Humíllese ante el Hijo, mujer de violencia!*

Se necesitaba también furor para proveer a su cuerpo con el descanso suficiente para que, cuando esté en el lugar secreto, no esté siempre durmiéndose. Esta es la acometividad que ejercemos la noche anterior para que a la mañana siguiente esté asegurada. Todos tienen la oportunidad de dormirse al estar a solas con Dios; es parte de nuestra humanidad, y Dios lo comprende. De todas maneras, el hombre de violencia y sabiduría establecerá todas las medidas que sean necesarias para estar alerta y comprometido de manera frecuente con esta parte del día, considerada la más deleitosa.

Es fácil confundir el entusiasmo natural con la violencia espiritual. Algunas personas desarrollan una pasión increíble por Dios, de la manera en que adoran o comparten su fe o asisten a los estudios bíblicos. Pero si es un entusiasmo natural, dura tanto como los demás lo están mirando. Cuando la persona está a solas con Dios, la inspiración se consume y el intenso nivel de actividad, de repente, colapsa. El entusiasmo natural debe ser cambiado por un verdadero fervor espiritual, un entusiasmo que es alimentado por un fuego interno, santo, que arde cuando nadie lo está mirando.

Dios nos ha dado una disciplina que es un don extraordinario, una poderosa herramienta designada providencialmente por él para intensificar la violencia de nuestra búsqueda. Estoy hablando del ayuno. El ayuno, combinado con la oración, es una de las maneras más directas y edificantes de acelerar el ritmo de su carrera, especialmente, si se está sintiendo un poco perezoso en su espíritu.

¡Qué regalito asombroso es esto del ayuno! Es, probablemente, uno de los más menospreciados, subempleados y malentendidos dones de la gracia. No hay un mérito espiritual en él; no se obtienen puntos extras con Dios. Pero ablanda el espíritu, sensibiliza el oído y acelera el ritmo del fluir divino desde su vida y hacia ella. Para aquellos comprometidos en la exploración de la violencia espiritual, el ayuno es un amigo de verdad.

Salomón escribió: «si la buscas (la sabiduría) como a la plata, como a un tesoro escondido… Él reserva su ayuda para la gente íntegra» (Proverbios 2:4,7). La imaginación retrata la sabiduría divina como un tesoro oculto guardado en lo profundo de una montaña; para obtenerlo, uno debe cavar violentamente. Además, la Escritura dice: «A los sabios da sabiduría» (Daniel 2:21). No es el necio el que obtiene sabiduría, sino el sabio. El sabio obtiene más sabiduría para su vida porque es lo suficientemente inteligente como para buscar a Dios con fervor.

Jesús no les responde a todos los creyentes del mismo modo. Lo hace de manera diferente, a aquellos que lo buscan con más diligencia. Vemos esto en la manera en que manejó a los doce. Pedro, Santiago y Juan fueron invitados a algunos de los momentos más íntimos y asombrosos con Jesús, mientras que los otros discípulos no estaban incluidos. La diferencia, creo, era que los otros retenían algo de sus corazones al Señor; mientras que Pedro, Santiago y Juan buscaban a Jesús más intensamente. Algunos de los discípulos dudaban de él, aún después de la resurrección (Mateo 28:17), y esa reserva de espíritu les robó los niveles más grandes de intimidad. Aquellos que tenían más recibieron más.

Escribo estas cosas, mi amigo, para inspirarlo a acercarse al Señor. ¡Corra hacia él! ¡Búsquelo con todo su corazón! Al hacerlo con más intensidad, él lo llevará más cerca de lo que jamás haya estado. Jesús no favoreció a Pedro, Santiago y Juan por sus personalidades o por sus dones para relacionarse; lo hizo porque ellos lo favorecieron a él. «El Señor recorre con su mirada toda la tierra, y está listo para ayudar a quienes le son fieles» (2 Crónicas 16:9).

El Señor no respeta a las personas. Él recompensa de igual manera a todos los que lo buscan fervientemente; muchos no lo hacen así, y por eso no entran en la abundancia de Dios. Al mirar el entusiasmo moderado de estos, si él les fuera a dar el poder y la gloria que piden, estaría traicionando a todos aquellos que lo han buscado con mucha más intensidad. 1Corintios 9:24 revela que corremos nuestra carrera en la presencia de otros santos: «¿No saben que en una carrera todos los corredores compiten, pero sólo uno obtiene el premio? Corran, pues, de tal modo que lo obtengan». Dios honra nuestra carrera en comparación con la de otros que han corrido a través de la historia de la iglesia. (Este es el principio de 2 Corintios 8:8). Amigos, tenemos algunos competidores muy serios aquí. No me refiero a que comparamos nuestros logros los unos con los otros de manera carnal, pero, sí, a que permitamos que la velocidad de los otros corredores nos inspire hacia búsquedas mayores de Dios.

Me inspiro cuando leo las historias de los grandes atletas del cristianismo.

¡Estimuló tanto a mi espíritu cuando leí la narración de cómo San Francisco de Asís buscó a Dios a sus veinte años! Uno de sus compañeros cuenta que aquel bajó de la cama, pensando que su compañero se había dormido. Se arrodilló en el suelo, y durante la mayor parte de la noche oró una sola frase: «¡Mi Dios y mi todo!» Después, durmió un poco y se levantó con los demás. ¡Que ritmo impresionante!

Leí una vez acerca de un prisionero chino que ayunó por setenta y seis días, tanto alimentos como agua, orando por la salvación de sus compañeros de prisión, que abusaban de él todo el tiempo. Al final de ese tiempo, se levantó con una fuerza y autoridad sobrenaturales, predicó a sus compañeros de cárcel, y los cincuenta se arrepintieron en el acto. ¡Guau!

Escuché sobre algunos creyentes chinos que estaban ayunando juntos durante veintiún días porque en tres semanas no habían visto a nadie levantarse de la muerte, y pensaban que algo estaba mal.

Las historias continúan, una tras otra. ¡Me encanta ser inspirado por el ritmo de otros!

Al leer lo que sigue, que es una página del diario de Juan Wesley, verán a un hombre que no permitió que nada intimidara su búsqueda del supremo llamamiento de Dios:

Mañana del domingo 5 de mayo. Predicación en Santa Ana. Me pidieron no regresar nunca más.

Tarde del domingo 5 de mayo. Predicación en San Juan. Los diáconos dijeron «Váyase y no entre más».

Mañana del domingo 12 de mayo. Predicación en San Judas. No puedo tampoco volver allí.

Tarde del domingo 12 de mayo. Predicación en San Jorge. Nuevamente echado.

Mañana del domingo 19 de mayo. Predicación en San algún otro. Los diáconos convocaron una reunión especial y dijeron que no podía volver.

Tarde del domingo 19 de mayo. Predicación en la calle. Echado de las calles.

Mañana del domingo 26 de mayo. Predicación en el campo, echado del campo cuando se soltó un buey durante el servicio.

Mañana del domingo 2 de junio. Predicación al aire libre, en los límites de la ciudad; echado fuera del camino.

Domingo 2 de junio, reunión de la tarde. Predicación al aire libre en el pasto: diez mil personas vinieron a escucharme.

¡Persiga a Dios! Nadie más puede estorbar su carrera. No importa que otras personas no puedan reconocer su ministerio, ¡busque a Dios! Los coros de los santos están alentándolo desde las gradas del cielo. Están clamando: «Terminamos la travesía por la gracia de Dios, ¡tú puedes también!».

«Por tanto, también nosotros, que estamos rodeados de una multitud tan grande de testigos, despojémonos del lastre que nos estorba, en especial del pecado que nos asedia, y corramos con perseverancia la carrera que tenemos por delante» (Hebreos 12:1).

12

El secreto de la humildad

Nuestra búsqueda violenta de Dios debe estar unida a un espíritu humilde y afable. La humildad es el fundamento de toda oración. La humildad dice «Señor, estoy vacío sin tu plenitud; estoy quebrado sin tu integridad; estoy desamparado sin tu fortaleza; estoy desorientado sin tu sabiduría. Fuera de ti no hay nada. ¡Te necesito! Te necesito tan desesperadamente que estoy derramando mi ser delante de Ti, aquí, en el lugar secreto».

La falta de oración es el primer signo de orgullo independentista. Empezamos a dejar nuestro tiempo secreto con Dios cuando nos sentimos grandes, fuertes y optimistas sobre nuestro futuro, y estamos confiados en el camino que estamos andando. Es el primer signo de que estamos hinchados de vanidad.

Esta mañana, aun antes de saber que hoy escribiría este capítulo, estaba disfrutando las palabras de Agur, quien escribió: «Soy el más ignorante de todos los hombres; no hay en mí discernimiento humano. No he adquirido sabiduría, ni tengo conocimiento del Dios santo» (Proverbios 30:2-3). La sabiduría de Agur consistía en tener una correcta estimación de su propia estupidez. ¡Quiera Dios que todos tengamos la misma conciencia! Nos llevaría de vuelta a nuestras rodillas, de vuelta a la fuente de toda sabiduría, de vuelta al «único sabio Dios». Si solo él es sabio, ¿dónde quedamos nosotros?

Una vez que usted ve su grandeza y su impotencia, viene un gran gozo al humillarse delante del Señor.¡Con qué deleite los ancianos dejan sus coronas a los pies del trono! Ellos toman lo que representa el conjunto compilado de todos sus logros y lo arrojan todo a los pies de él, de quien, en primer lugar, todo procedió. Él nos lo dio para que podamos dárselo a él de vuelta. Nada de esto fue nuestra idea, todo comenzó con él y todo termina en él. *Él es todo, y al unirnos a él, la pobreza de nuestra identidad personal se pierde en la plenitud de su grandeza eternal.*

David escribió: «Firme está, oh, Dios, mi corazón; ¡voy a cantarte salmo, gloria mía!» (Salmo 108:1). Sabemos que se está refiriendo en este versículo a su lugar secreto, porque la expresión «Firme está mi corazón» siempre fue usada como su compromiso personal de estar a solas con su Dios. El entregó su corazón a Dios, por eso dijo: «gloria mía». ¿Cuál era la gloria de David? Era la totalidad de sus logros. David tenía la gloria de un rey, riqueza, honor, prestigio, dignidad, esplendor, poder. Tenía, también, la gloria de ser salmista y profeta. Él tomó todo lo que Dios le había dado y lo que de él había hecho y lo presentó a Dios en canto y alabanza. Cuanto mayor era su prestigio, mayor el gozo que tenía de rendir todo a la majestad de Dios. *¡Qué privilegio dejar todos los logros de nuestra vida a Sus pies con profundo conocimiento de toda Su sublime grandeza!* Cuanto más grande soy, mayor es el gozo que tengo de llevar toda grandeza y presentarla delante de él. «Las naciones caminarán a la luz de la ciudad, y los reyes de la tierra le entregarán sus espléndidas riquezas» (Apocalipsis 21:24).

Dios nos dignifica para que podamos tener algo para traer delante de él, en humildad y devoción. *Dios nos dignifica: nos hizo hijos, nos dio gloria, aceptación, realeza, propósito, significado, bienestar, honor, salvación, sabiduría, revelación, entendimiento, status, carácter, santidad, victorias, para que podamos disfrutar el sublime privilegio de dejar todo esto a sus pies.* ¡Qué privilegio sagrado tenemos: entrar a la sala del trono de Su presencia y derramar toda la dignidad de nuestra vida al postrarnos delante de él, adorándolo con todo nuestro ser!

El siervo de Dios que no posee nada no encuentra mayor gozo que buscar siempre aumentar las formas de humillarse en la presencia del Todopoderoso: «y me rebajaré más todavía, hasta humillarme completamente» (2 Samuel 6:22). ¡Arroje su vida, hoy, a sus pies; él es digno de suprema alabanza!

13

El secreto de la intercesión

La intercesión, un elemento de nuestra vida personal de oración, es lo que he escogido en llamar como «la oración en beneficio de las necesidades, antes que por mí mismo». Es el ministerio sacerdotal de intermediación: alguien que se para entre el cielo y una necesidad en la tierra y peticiona al Padre por la victoria.

El escritor de Hebreos pidió a los santos que intercedan a su favor: «Oren por nosotros, porque estamos seguros de tener la conciencia tranquila y queremos portarnos honradamente en todo. Les ruego encarecidamente que oren para que, cuanto antes, se me permita estar de nuevo con ustedes» (Hebreos 13:18-19). Este pasaje nos da un secreto poderoso de la oración: *La intercesión acelera los propósitos de Dios en la tierra.* El escritor comprendía que iba a estar nuevamente con ellos, pero sucedería mas rápido, si ellos estaban orando por él.

Realmente podemos ganar tiempo con nuestras oraciones «aprovechando al máximo cada momento oportuno, porque los días son malos» (Efesios 5:16). *Cuando la maldad amenaza, podemos posponer su llegada con nuestras oraciones; y cuando el bien se demora, podemos acelerar su llegada con nuestras oraciones.*

Muchas cosas hay que Dios ha propuesto para este planeta, y, con toda seguridad, sucederán; la única pregunta es si ellas se producirán a través de nosotros: ¿Seremos partícipes? Si no oramos, los propósitos de Dios se cumplirán, pero no, rápidamente.

Se demorarán. He aquí el infinito poder de Dios para acelerar las cosas en la tierra y llevar los acontecimientos del mundo a su culminación. Él puede terminar con todo esto cuando quiera, pero está buscando una generación que se rehúse a ser pasada por alto, una generación tan desesperada por ser incluida que se esté entregando a sí misma a la oración incesante, violenta.

Una de la maneras más profundas en que usted puede amar a alguien es orando por él. La intercesión hace algo muy poderoso en el intercesor: Une su corazón con el de aquel por quien ora. En la intercesión, usted está invirtiendo su vida en la vida de otra persona. Es uno de los secretos del lugar secreto. Nuestras oraciones intercesoras se vuelven «cuerdas de afecto» que ligan los corazones de los creyentes, uniendo el cuerpo de Cristo en la mayor de todas las virtudes, el amor.

No era suficiente para Pablo estar convencido por sí mismo de que amaba a los otros santos. Quería que comprendieran claramente su amor por ellos: «para darles a conocer la profundidad del amor que les tengo» (2 Corintios 2:4). «Para que delante de Dios se dieran cuenta por ustedes mismos de cuánto interés tienen en nosotros» (2 Corintios 7:12). Por tanto, después de amar a alguien tanto como para interceder por él, ¿por qué no buscar alguna manera de asegurarle que estamos orando? Cuando sabe que usted lo ha hecho, *sentirá y sabrá* su amor por él.

El cuerpo de Cristo no funciona apropiadamente, sin los miembros orando los unos por los otros. *La oración es el sistema inmunológico del cuerpo de Cristo.* A través de ella, echamos a las fuerzas invasivas que buscan enfermar y afligir el cuerpo de Cristo.

La falta de oración en el cuerpo de Cristo es semejante a la lepra. Aprendí algo sobre esta enfermedad, de Paul Brand, un cirujano de leprosos. Dice que en ella los nervios dejan de funcionar bien, y no envían señales de dolor al cerebro. Las personas empiezan a perder los dedos de la mano o del pie en accidentes, porque no pueden sentir dolor cuando se lastiman.

Trazando una analogía espiritual, cuando la iglesia no siente dolor por otros creyentes que sufren, eso está indicando la presencia de «lepra espiritual». Los nervios de la iglesia están muertos. Y luego, comienza a perder los miembros del cuerpo.

El dolor da señales al cuerpo para envíe ayuda a los miembros que sufren. Es absolutamente necesario para que el cuerpo pueda componerse y curarse. De esta manera, el dolor es una dádiva. Es crucial que sintamos el de los miembros que sufren en el cuerpo para que nos levantemos para reparar y curar en la necesidad. La intercesión es una respuesta al dolor. Clamamos porque estamos sufriendo. Clamores de intercesión son los gemidos vehementes de los creyentes suplicando al cielo, a favor de algún otro.

Al pensar en estas cosas, recuerdo amigos que enfrentaron enfermedades crónicas y problemas médicos incurables. Los santos desesperados en apuros de salud envían un mensaje urgente al cuerpo de Cristo: «La iglesia está enferma. Nos falta el poder para sanar a este miembro. ¡Peligro! ¡Alerta! Debemos reunirnos, responder y hacer todo lo posible para que este miembro sea sanado». La respuesta de la iglesia para esta clase de tragedias, no obstante, es habitualmente distante y fría. No sentimos, realmente, el dolor de un miembro enfermo. Tenemos lepra espiritual.

Me pregunto qué gracia será derramada en la iglesia cuando comencemos a identificarnos con los miembros sufrientes del cuerpo, como si fuéramos nosotros los cautivos. Uno de los fantásticos misterios de la oración es cómo Dios une la casa internacional del afecto (la iglesia), a través del apasionado apoyo de la oración de los unos por los otros. Ella es el regalo de Dios que le da poder al cuerpo para edificarse en amor. ¿Nuestros patrones de oración indican que estamos sintiendo el dolor? ¡Que el Señor pueda poner una alarma santa en nuestros espíritus sobre la impotencia de la iglesia, y que esta nos haga arrodillarnos, en una búsqueda apasionada de la abrumadora autoridad que nos dio Cristo y por la que murió!

14

El secreto de estar atento

Jesús relacionó la plenitud de la oración con la atención vigilante. Dos veces les dijo a Sus discípulos: «¡Estén alerta! ¡Vigilen!» (Marcos 13:33; 14:38). De manera que hay algo sobre la oración: la atención, los ojos abiertos y una mente completamente alerta. En el lugar secreto no nos escondemos de las cosas actuales como una ostra enterrando su cabeza en la arena; en cambio, llevamos nuestra conciencia de los hechos de actualidad a la luz escudriñadora de las Escrituras y del Espíritu de Dios.

Las exhortaciones de Jesús para prestar atención estaban especialmente conectadas con su retorno a la tierra.

«Pero en cuanto al día y la hora, nadie lo sabe, ni siquiera los ángeles en el cielo, ni el Hijo, sino sólo el Padre. ¡Estén alerta! ¡Vigilen! Porque ustedes no saben cuándo llegará ese momento. Es como cuando un hombre sale de viaje y deja su casa al cuidado de sus siervos, cada uno con su tarea, y le manda al portero que vigile. "Por lo tanto, manténganse despiertos, porque no saben cuándo volverá el dueño de la casa, si al atardecer, o a la medianoche, o al canto del gallo, o al amanecer; no sea que venga de repente y los encuentre dormidos. Lo que les digo a ustedes, se lo digo a todos: *¡Manténganse despiertos!*» (Marcos 13:32-37).

Sin lugar a dudas, esta es una de las exhortaciones de Jesús más apremiante y conmovedora. No podía hacer su mensaje más claro. Está induciendo a los creyentes de todos los tiempos a mantenerse atentos y vigilantes, especialmente, para el momento en que nuestro Señor regrese.

A un pastor se le preguntó cuántas personas asistían a su iglesia. El respondió: «¡Oh, dormimos a ochocientos!». Tristemente, muchos creyentes están descuidados en esta, la hora más trascendente de la historia humana.

El Señor nunca puso sobre nosotros la carga de ver el futuro. Él nos llamó, sin embargo, a estar alerta a la época en que vivimos y a discernir las señales de los tiempos. Él espera que entendamos el presente y que estemos expectantes.

Conozco una sola manera de cumplir con este urgente mandato: atender con solicitud al lugar secreto, donde:

- Agudizamos nuestros sentidos espirituales para los impulsos celestiales.
- Interpretamos los sucesos actuales a través del enfoque de la palabra de Dios.
- Tomamos nota de aquellas porciones y temas de la Escritura que el Espíritu ha estado últimamente señalando.
- Calibramos constantemente nuestras almas y mentes con los caminos rectos del Señor.
- Aquietamos nuestros corazones lo suficiente para escuchar.
- Miramos fijamente embelesados al trono de Dios.
- Nos quitamos rápidamente toda nuestra somnolencia, al encendernos y renovarnos en amor.

Una de las palabras importantes de esta hora es «discernimiento». Jesús quiere que estemos alerta y dispuestos a discernir las señales de los tiempos. El discernimiento será cultivado, no, por leer el diario matutino, sino por leer la palabra de Dios. Lo obtenemos sólo a través del poder del Espíritu Santo (Filipenses 1:9). Aquellos que en el lugar secreto están atentos tendrán la sabiduría para discernir el misterio de la iniquidad y el misterio de la santidad en el mundo actual.

Hay momentos en mi lugar secreto cuando dejo todo de lado, como mi lectura y peticiones, y solo hago una pausa para preguntar: «Señor, ¿qué estás haciendo, hoy, en la tierra? ¿Qué temas, ahora mismo, estás enfatizando? ¿Sobre qué grupos de personas Te estás moviendo de manera inusual? ¿Qué quieres que vea, concerniente al día y a la hora en la que vivo? ¿Cuál es mi papel en tus actividades actuales?» Luego, espero en él, para la revelación y el entendimiento. ¡Oh, cómo desea mi corazón estar totalmente alerta y preparado con las cosas que están en el corazón de Dios para esta hora!

«"¡Cuidado! ¡Vengo como un ladrón! Dichoso el que se mantenga despierto» (Apocalipsis 16:15). Cuando un ladrón hace una visita, dará pocas señales de su presencia: el sonido de un pestillo girando, de una pisada, el golpe de algún objeto, etc. De manera similar, habrá sutiles señales de la venida de Cristo, que solo los alertos notarán. Aquellos que observan, si están atentos, pueden realmente discernir los sonidos del regreso de Cristo.¡Que bendición será ser encontrado activo en el deber y prevenido para Su venida!

«Manténganse listos, con la ropa bien ajustada y la luz encendida. Pórtense como siervos que esperan a que regrese su señor de un banquete de bodas, para abrirle la puerta tan pronto como él llegue y toque. Dichosos los siervos a quienes su señor encuentre pendientes de su llegada. Créanme que se ajustará la ropa, hará que los siervos se sienten a la mesa, y él mismo se pondrá a servirles. Sí, dichosos aquellos siervos a quienes su señor encuentre preparados, aunque llegue a la medianoche o de madrugada. Pero entiendan esto: Si un dueño de casa supiera a qué hora va a llegar el ladrón, estaría pendiente para no dejarlo forzar la entrada. Así mismo, deben ustedes estar preparados, porque el Hijo del hombre vendrá cuando menos lo esperen» (Lucas 12:35-40).

El lugar secreto es el sitio para cumplir estas palabras de Cristo. No hay reemplazo ni alternativa. Es en el jardín, con el Señor, donde ciñe su cinturón para la acción inmediata, donde arregla su lámpara hasta que arda con la llama de la pasión. No duerma, sino ore y esté alerta. Estar listo para el inminente regreso del Amor de nuestras almas es el gran secreto.

Parte II

HACIÉNDOLO
FUNCIONAR

SECRETOS DEL LUGAR SECRETO

*En la Sección I consideramos los principios
fundamentales para establecernos en el lugar
secreto con Dios. Ahora, veamos algunas prácticas dinámicas (manos a la obra) que nos
ayudarán a maximizar el potencial del lugar
secreto.*

15

El secreto de la terapia radiante

Todos nosotros luchamos para vencer el pecado. La Biblia describe esta batalla como «la lucha que ustedes libran contra el pecado» (Hebreos 12:4). Algunos pelean más que otros. En parte, porque la historia de su vida mundana provocó que este se enraizara más profundamente en su ser. Más allá de la intensidad de nuestra batalla personal, a veces, cada uno de nosotros ha soñado con que podría ganar una victoria más completa sobre los patrones pecaminosos.

El camino a la victoria sobre los pecados habituales es multifacético e incluye el arrepentimiento, la renuncia a los viejos modelos, las oraciones conciliadoras, la responsabilidad, el perdón, la negación de sí mismo, etc. De todas maneras, deseo enfocar este capítulo en un secreto para vencer el pecado que, a veces, es pasado por alto u olvidado. Lo llamo «exponiéndose a la radiación de la presencia y de la palabra de Dios».

El pecado es como el cáncer; la presencia de Dios es como la radiación sobre ese cáncer. Cuanto más está en su presencia, empapándose de su palabra y disfrutando de su amor, mayor poder está ingiriendo en cada fibra de su ser.

La única manera en que cambiamos es cuando nos acercamos al Señor. Su presencia es el lugar para la transformación. *Alejarnos del Señor siempre produce una regresión espiritual; aproximarnos, siempre produce una progresión espiritual.* El propósito de las voces de condenación es el de alejarlo de su presencia, que es la verdadera fuente de su victoria. El propósito de la voz de convicción es presionarlo hacia el rostro de Cristo. Usted puede distinguir entre condenación y convicción al considerar en qué dirección la voz lo está aguijoneando, hacia el Señor o alejándolo de él.

Dios siempre ha deseado estar más cerca del hombre, pero cuando lo hizo, la gente murió. La Ley (desde Génesis hasta Deuteronomio) descubre la apasionante historia de cómo el Dios santo, con anhelos por su pueblo, trata de acercarse a él, solo para enfrentar de manera recurrente la frustración de tener que matar a los hombres por su abierta rebelión y transgresión. El Antiguo Pacto tenía una falla fatal. Se requería que la gente guardara distancia, por causa de la santidad de Dios. Si cruzaban la línea, morirían. Como muchos fallecían en el desierto, el pueblo, que se acerca al santuario del Señor muere, ¡así que todos moriremos!» (Números 17:12-13). Finalmente, le dijo a Moisés: «¡Estamos perdidos, totalmente perdidos! ¡Vamos a morir! Todo el Dios también estaba al tanto del problema, porque les dijo: «Yo no los acompañaré, porque ustedes son un pueblo terco, y podría yo destruirlos en el camino» (Éxodo 33:3). De acuerdo con Deuteronomio 5:25-27, los judíos le dijeron a Moisés que morirían si se acercaban a Dios, por lo que le pidieron que él lo hiciera, en nombre de ellos. La respuesta de Dios fue: «Todo lo que dijeron está bien» (Deuteronomio 5:28). De manera que Dios estuvo de acuerdo con ellos y guardó su distancia. Sin embargo, esto produjo un círculo vicioso descendente. Los hombres tenían que mantenerse alejados para poder sobrevivir, pero esto causó que se deterioraran con más pecados, lo cual hacía que tuvieran que mantener su distancia. Este era un modelo sin esperanza que Dios tenía que remediar, y la única solución fue la cruz de Cristo. *Ahora, a través de la sangre de la cruz, el hombre pecador puede entrar a la presencia del Dios santo de inmediato y exponerse a la gloria que lo cambiará.* ¡Cuando nos rendimos a esta gloria, somos cambiados a la imagen de la gloria de Cristo! La parte asombrosa es esta: que, más allá de nuestras debilidades, fracasos y pecados, ¡ahora podemos entrar de inmediato en la presencia del Santo! Solo un tonto descuidaría o evitaría este lugar de transformación gloriosa y de agradable intimidad. Dios se mató a sí mismo (literalmente), para quitarse del medio y traernos a Su presencia.

Cuando entramos en la presencia de Dios, nos exponemos a poderosas fuerzas eternales. Todo dentro de nosotros cambia, cuando tocamos la gloria radiante que emana de Su rostro. «El Señor es sol» (Salmo 84:11). El sol provee calor, luz, energía y rayos ultravioleta, radiación. *Cuando nos exponemos al sol de Su semblante, la radiación de su gloria ataca esas iniquidades cancerosas que solemos sentir que no podemos vencer por completo.* El tiempo en su presencia probablemente es el procedimiento más potente para tratar con las cuestiones crónicas del pecado que nos afligen.

La primera vez, usted no sabe que se ha expuesto a la radiación. Las personas que se queman al sol no se dan cuenta de ello hasta que el daño está hecho. Los efectos de la radiación siempre se demoran. Lo mismo sucede con la gloria de Dios. Cuando pasa tiempo en Su presencia, su primer pensamiento es: «No está sucediendo nada». No obstante, si usted va a creer la verdad y, simplemente, se consagra a mega-momentos en su presencia, los efectos de pasar tiempo con él finalmente se manifestarán.

Esto lo he experimentado personalmente y oro a Dios para que usted pueda oír y creer lo que le estoy diciendo. Cosas poderosas suceden dentro de uno, cuando pasa tiempo con Dios. Cuando usted está en su presencia por largos períodos, la composición molecular de su alma es reestructurada. Comienza a pensar de manera diferente y ni siquiera sabe por qué. Empieza a tener pasiones e intereses distintos y no sabe la razón. Dios lo está cambiando en el interior, de una forma que no puede analizar conscientemente. Las tendencias pecaminosas que una vez arrastraron su alma ya no tienen sobre usted su poder original. El secreto es simple: largas porciones de tiempo en la presencia de Dios, amándolo y absorbiendo Su palabra.

Un pensamiento más, y este capítulo quedará listo. Cuando Moisés está en la montaña durante ochenta días, con Dios, en la inmediatez del gran esplendor de Dios, la única explicación razonable para no morir por la exposición a la radiación es sugerir que Dios retuvo el poder completo de su gloria ante Moisés. Sin embargo, la historia también sugiere que Dios ayudó a Moisés a «desarrollar» una habilidad para soportar tan tremenda muestra de gloria. El principio es este: Cuanto más tiempo usted pasa en su presencia, mayor es su tolerancia a sus manifestaciones. ¿Podríamos decir que comenzó a desarrollar un tostado del Hijo? (NT: El autor hace un juego de palabras con SUNTAN, sun=sol; tan=bronceado, y SONTAN, son=hijo; tan=bronceado) Aquellos que se exponen a grandes cantidades de la radiación de la gloria de Dios se convierten en candidatos para una mayor gloria. «De gloria en gloria».

¡¿Le hace desear correr al lugar secreto, no es cierto?!

16
El secreto del tiempo

U n amigo, hace poco, me dijo: «El lugar secreto ha sido el punto de las mayores frustraciones y ataques en mi andar personal». Sé que no está solo. Dado que el lugar secreto guarda las llaves para la auténtica victoria del reino, el enemigo producirá sus mayores embestidas sobre este punto, en particular, de la vida de un cristiano.

Nuestro enemigo nos hará cualquier cosa para acortar la cantidad de tiempo que dedicamos al lugar secreto con Dios. El presionará, distraerá, acosará, incitará, oprimirá, seducirá, preocupará, mentirá, intimidará; lo que sea necesario. No se equivoque, cuando usted se consagra a conocer a Dios, todo el infierno parece resucitar contra usted.

El pleno potencial del lugar secreto con Dios requiere un elemento esencial: el tiempo. Grandes cantidades. Cuanto más consagre exclusivamente a él, la relación adquirirá mayor significado. El principio de 2 Corintios 9:6, realmente, se aplica aquí: «Recuerden esto: El que siembra escasamente, escasamente cosechará; y el que siembra en abundancia, en abundancia cosechará». Cuanto más tiempo siembre en el lugar secreto, mayor será la abundancia que disfrutará.

Hay un umbral por cruzar, para descubrir el pleno gozo del lugar secreto. Hasta que lo encuentre, usted se hallará empujando de manera consistente para entrar a ese sitio, como si fuera una carga, en vez de un gozo. Pero, una vez que lo cruce, llegará al lugar de deleite al que usted, con alegría, dará prioridad ante las demandas que compiten.

¿Cómo encontramos el umbral?: Al entregar mucho tiempo al lugar secreto. Nunca lo consideré como un desperdicio; y aun si lo fuera, ¡con gozo lo perdería por mi Señor! Aun cuando sintamos que estamos girando como ruedas espirituales, cada hora invertida llena un poco más el vaso. Un día, estará lleno, y el Señor nos llevará, a través del umbral, a otra dimensión de intimidad y de placer. Pero nunca llegaremos allí, sin invertir tiempo. Por no dedicar el suficiente, para estar con el Señor, otra amiga me dijo que ella tenía sentimiento de culpa, el cual es muy común, pero está severamente mal dirigido, ya que nunca motivará a alguien a pasar más tiempo con Dios; en realidad, lo desanimará y lo hará sentir como un fracaso. La culpa tiene el potencial de apagar cualquier pequeña llama que pueda haber. Ella siempre se encuentra en las mentiras satánicas. Satanás quiere que usted crea que Dios está molesto con usted porque no ha estado cumpliendo su cuota diaria de tiempo con él. Lucha contra la verdad de la palabra de Dios que declara que él nos acepta solo en relación con la fe en Cristo. Dios no está impresionado con la actuación de usted, sino con la del Hijo. Cuando pone una fe como la de un niño en Jesús, Sus logros le son acreditados a usted. La fe en él abre el corazón del Padre para usted. Cuando usted cree en su amado Hijo, el corazón del Padre explota en aceptación, afirmación y deleite, en total independencia de su diligencia o de la falta de ella.

Dios es su principal fanático. Como su Padre celestial, está constantemente persuadiéndolo para que siga hacia las alturas espirituales de la victoria. Cuando usted descuida el lugar secreto, él no está desilusionado con usted. Él está desilusionado por usted. Él ve la disponibilidad de las riquezas espirituales al alcance suyo, y Su corazón se quiebra cuando lo ve pasar de largo. Él quiere que usted comparta lo mejor del cielo, y lo mira con un melancólico anhelo, cuando se estafa espiritualmente.

Alguien me dijo, hace poco: «La mayor mentira con la que Satán me ataca es: "¡Mereces un descanso hoy!"» Algunas falsedades suyas son tan estúpidas que, literalmente, son ridículas. *¡Como si el tiempo lejos del lugar secreto fuera un recreo!* No es un recreo; es una pérdida. Usted se pierde de beber profundamente de la fuente del Espíritu; usted se pierde el ser lavado, limpiado y renovado en Su presencia; usted se pierde el ser alimentado por la iluminación de la Palabra de Dios; usted se pierde de tener el tiempo para calmar su agitado corazón y oír Su preciosa voz; usted se pierde la íntima comunión del jardín secreto. Como dice el refrán: «Tú fuiste robado».

De manera que, en vez de sentir culpa, ¡deberíamos sentirnos estafados! Cuando las circunstancias o las emociones tienen éxito al robarle su lugar secreto, no se sienta culpable, ¡indígnese! Permita que el mal de amores asome en su pecho: «¡Oh, Señor, te amo tanto; estoy realmente molesto por permitir que los cuidados de esta vida te hayan desplazado! Esto debe terminar, las cosas deben cambiar. No puedo vivir sin ti. ¡Estoy regresando! Debo tener más tiempo contigo. Eres mi vida, mi respiración. ¡Oh, te amo, Señor!». Y luego, ejerza la violencia espiritual para recuperar sus prioridades.

En la práctica, muchos de los que han descubierto el enorme gozo de su vida secreta con Dios han sentido necesario consagrar una porción específica del día para encontrarse con él. Entregarse de manera disciplinada a un espacio determinado de tiempo ha sido muy importante para encontrar las dimensiones superiores del gozo y el deleite. Cuando relegamos el lugar secreto a la espontaneidad, en retrospectiva, encontramos que no le dedicamos mucho tiempo. Haga lo que sea útil para usted, porque el punto es forjar largos períodos para que podamos consagrarnos a la larga y querida meditación en la belleza y el esplendor de Cristo Jesús, nuestro Señor.

Otro consejo práctico: Busque, de manera pausada, su propio método para pasar más tiempo con él. Si hoy está dedicando diez minutos al día, llévelo a quince o veinte. Al incrementarlo, está logrando una resistencia espiritual. Una vez, estuve con un hermano que quería dedicarse a la oración y al estudio, en relación a una lucha específica en su vida. Estaba asombrado, sin embargo, de que, después de investigar por unos minutos, lo tenía que dejar y hacer alguna otra cosa. No había desarrollado una resistencia espiritual. Aun una media hora de estudio y de oración era demasiado. Tenía un caso espiritual de «Desorden de Falta de Atención». Era momento, no obstante, para que madurara en Dios y desarrollara la habilidad de pasar más tiempo en el lugar secreto.

Entrénese para ello como un atleta. Ningún atleta espera correr una maratón en su primer entrenamiento, después de haber estado por muchos meses sin actividad. Él sabe que necesita fortalecer su resistencia. De manera que, cada día, le agrega un poco más, hasta que alcanza el nivel deseado. De modo semejante, usted puede forjar su energía, hasta el punto en el que pasar largas porciones de tiempo con él se vuelva el mayor deleite del corazón.

Cuando pienso en correr esta carrera, pienso en el Salmo 119:32: « Corro por el camino de tus mandamientos, porque has ampliado mi modo de pensar». Un corredor debe desarrollar un corazón fuerte. Mientras se esfuerza para correr mayores distancias o para lograr más velocidad, la habilidad del corazón para bombear sangre vital al cuerpo se incrementa. Le he pedido al Señor que agrande mi corazón para que pueda correr en su búsqueda a un paso más veloz.

No hemos terminado con este tema. Así que siga al capítulo siguiente; deseo hablarle sobre una manera específica en la que podemos planificar más tiempo a solas con Dios.

17

El secreto de los retiros

Nada reemplaza o iguala a una vida secreta con Dios diaria y consistente. *Sin embargo, los retiros de oración pueden ser altamente importantes en nuestro caminar espiritual para aumentar y complementar nuestra disciplina diaria.*

Aquí hay una lista de algunas de las maneras en las que personalmente encontré que los retiros de oración me sirvieron:

– Intensifican y aceleran mi búsqueda de Dios.
– Refrescan y renuevan mi atribulado espíritu
– Agudizan mi sensibilidad para recibir revelación de Dios.
– Han sido tiempos de recibir guía divina para situaciones específicas.
– Dios los ha honrado al revelar cosas ocultas.
– Han traído claridad sobre los caminos y las obras de Dios.
– Cuando me sentí «estancado» espiritualmente, los retiros me han ayudado a cruzar nuevos umbrales hacia Dios.

Soy un gran defensor de ellos y en este breve capítulo trataré de hacer lo mejor para convencerlo del lugar estratégico que pueden tener para crecer en la gracia. Mi propósito no es solo convencerlo, sino también, motivarlo para que los incluya en su calendario.

Un amigo mío, Kelly Jenness, tiene la costumbre de programar un retiro de oración una vez al año. Suele reservar una habitación en un recreo cristiano o en un hotel, y trata de programarlo de una manera en la que pueda pasar tres días completos a solas con Dios. Puede elegir un fin de semana largo por una fiesta, o se toma un viernes libre de su trabajo secular. Estos retiros se han vuelto tan fructíferos en su caminar con Dios que está completamente entusiasmado con ellos. He visto a muchos otros cristianos notar su consagración, admirar el fruto en su vida, pero nunca convencerse lo suficiente de la importancia de sus retiros como para adoptar esa práctica. Esto me deja triste y un poco perplejo.

Los retiros eficaces deben incluir, con sabiduría, estos cuatro elementos: soledad, ausencia de entretenimiento, ayuno y los Evangelios.

– **Soledad:** Los retiros en grupo son útiles a su manera, pero estoy hablando sobre algo totalmente diferente. Esté solo. Cuanto más silencio, mejor. Aléjese de las demandas diarias de la vida. Enciérrese en su cuarto, excepto por una caminata a solas al aire libre. A lo sumo, un llamado telefónico diario. Enfrente la soledad sin dudar. Se dará cuenta de cómo la interacción social ha anestesiado su percepción de la realidad de Dios. La violenta separación de todas las distracciones es vital para maximizar el tiempo de su retiro.

– **Ausencia de entretenimiento:** Esto significa sin TV, ni video, ni radio, ni periódico, ni juegos de computadora, ni revistas, etc. Parte de la intensidad del retiro va a provenir de su negativa a adormecerse con el aburrimiento de estar sin nada ni nadie más que con Dios. Inicialmente, esta sensación le servirá para realmente revelar su corazón a usted mismo.

– **Ayuno:** El ayuno tiene el doble beneficio de liberarlo de la distracción de preparar y consumir alimentos, y de intensificar su búsqueda espiritual de la gracia dada a través de su auto-negación. Cuanto más austero sea el ayuno, mayores los beneficios; por ejemplo, el que se hace bebiendo solo agua es más intenso que uno de jugo solamente. En mis retiros personales, suelo hacer el primero, excepto cuando participo de la Cena del Señor, una vez al día. (Consejo: Prepárese con inteligencia y deje la cafeína antes de comenzar el retiro; lleve algún Tylenol, sólo por si acaso).

– **Los Evangelios:** haga que su retiro se llene con meditaciones de una amplia variedad de las Escrituras; pero, por sobre todo, incluya una larga porción de la lectura de los Evangelios. Lea lo rojo. Deje que Jesús mismo ostente el lugar central de su corazón durante esos preciosos momentos. Sin dudarlo, lleve algún elemento para anotar, porque el Señor está por transferir (NT: término de computación) en su corazón, a un ritmo que no ha conocido durante mucho tiempo.

Probablemente se asombrará de cómo Dios honrará su compromiso de hacer un retiro de tres días dentro de su ocupada agenda, especialmente, si incluye los cuatro elementos antes mencionados. A los pastores y líderes que disfrutan el privilegio de tener su trabajo de tiempo completo en la obra de Dios, no obstante, les recomiendo un paso más allá. Sin vacilar, comience con un retiro de tres días. Pero ábrase camino para más. Recomiendo ampliamente uno de siete, luego uno de diez o doce. Y para algunos, aun más. He aquí por qué:

Las posibilidades son que el primero o los dos primeros días de su retiro tenga más sueño que el habitual. Está bien, necesita dormir para ser renovado y sacar las telarañas. Al final del tercer día, es habitual sentir: «Estoy recién alcanzando algo de impulso espiritual.» Y está en lo correcto. He descubierto que el impulso real no comienza hasta el quinto o sexto día. Por eso, a aquellos que tienen la habilidad de consagrar mayores períodos para un retiro anual, les insto firmemente a experimentar con siete o más días de soledad con Dios.

Estoy entristecido con la certeza de que muchos de los que están leyendo este libro no creen en estas palabras lo suficiente como para realmente ponerlas por obra. Pero les estoy escribiendo a los que tienen oídos para oír. Si puede recibirlo, le estoy señalando con toda sinceridad uno de los grandes secretos del lugar secreto. Su vida secreta puede alcanzar nuevos niveles con Dios a través del empleo estratégico de los retiros de oración y ayuno, en intervalos planificados a través de su vida. Ellos han hecho la diferencia en mi supervivencia espiritual. Por eso soy tan apasionado al respecto. Me encontré con esta gracia de una manera inesperada; y ahora deseo «vender» a todos mis hermanos su eficaz potencial.

¿Nunca antes lo hizo? Está bien. Solo zambúllase en las aguas. Tiene a un maestro asombroso, el Espíritu Santo, quien está con usted. Él lo guiará a toda verdad. No necesita ningún hombre que le enseñe; el Espíritu mismo lo hará y lo guiará a una clase de búsqueda ideal para usted. Tome su agenda; planéelo ahora mismo dentro de las actividades restantes del año.

18

El secreto de llevar un diario

Estoy firmemente comprometido a llevar un diario espiritual, y es por una razón integral: *Aquellos que retienen lo que Dios les da recibirán aún más.* Jesús lo dijo de esta manera, «Al que tiene, se le dará más» (Marcos 4:25).

No confío en mi cerebro. Mi memoria es como un colador. Si no lo escribo, hay un noventa y nueve por ciento de posibilidades de que lo olvide. Por eso cuando Dios revela algo valioso de su palabra para mí, no confío en mí mismo para recordarlo. Lo anoto. Él fue lo suficientemente bueno para alumbrarme con Su verdad, y ahora debo ser un mayordomo cuidadoso de esa verdad, reteniéndola, meditando sobre ella y teniendo en cuenta cómo ella debe impactar en mi vida.

Llevo un diario por una simple razón: *¡Estoy desesperado por más!* Y sé que más no se me dará hasta que haya manejado adecuadamente lo que él ya me ha dado. La única forma de recordar las cosas que él me dio en el pasado es escribirlas en mi diario de una manera tal que pueda volver a ellas en el futuro. De manera que, cuando me refiero a un diario, no estoy hablando sobre un diario personal. No estoy hablando de realizar anotaciones como: «Hoy, Susana me vino a visitar. Desayunamos juntas y luego fuimos de compras». No, me refiero algo mucho más consecuente y significativo. *Haga de su diario el lugar donde lleva las crónicas de las verdades espirituales que avivan su espíritu al estar en el lugar secreto.* Cuando Dios lo alimenta con Su maná, escríbalo. Más tarde, revíselo. Siga visitando esa verdad hasta que esta quede entretejida en la trama de su experiencia y de su conducta cristiana.

Veamos el sentido completo de las palabras de Jesús en el texto siguiente.

«Pongan mucha atención —añadió—. Con la medida con que midan a otros, se les medirá a ustedes, y aún más se les añadirá. Al que tiene, se le dará más; al que no tiene, hasta lo poco que tiene se le quitará» (Marcos 4:24-25).

Un día estaba leyendo estas palabras de Jesús mientras miraba un partido de fútbol por TV; «Al que tiene, se le dará más». De manera que lo puse en la jerga del fútbol: «A cualquiera que recibe lo que se le arroja se le arrojará la pelota nuevamente». Los mejores receptores tendrán más oportunidades. *Si a un jugador siempre se le cae la pelota, el mariscal de campo dejará de arrojársela. De la misma manera, si dejamos caer lo que Dios nos da, él dejará de darnos más.*

La frase «con la medida que midan» se refiere a la medida con la que vivimos y ponemos por obra la palabra que escuchamos. Si abrazamos la palabra de Dios en nuestros corazones con gran celo, esforzándonos no solo en oírla, sino también en realizarla, entonces él nos dará mayor comprensión con el mismo nivel de diligencia.

Pero el pasaje tiene una clara advertencia. Si somos negligentes con la revelación que Dios nos da, él removerá de nuestras vidas aun aquello que creíamos tener. (aquel que deja caer la pelota no solo deja de recibir más pases, sino que es sacado del juego.) De manera que un diario se vuelve lo más crucial para mí. Estoy convencido de que no puedo retener lo que Dios me da, si no lo escribo. Por tanto, si no registro fielmente e integro en mi vida esas cosas que Dios me da, él las quitará de mí, aun aquellas que tenía. El registro, por ende, es un elemento vital en la fidelidad delante de Dios.

Llevo un diario porque estoy consciente de mi contabilidad delante de Dios. «A todo el que se le ha dado mucho, se le exigirá mucho; y al que se le ha confiado mucho, se le pedirá aún más» (Lucas 12:48). ¡Que pueda ser hallado fiel a todo lo que Dios me ha dado!

Más aún, estoy consciente de Mateo 13:12: «Al que tiene, se le dará más, y tendrá en abundancia». La abundancia espiritual no es una garantía para los creyentes; está asegurada solo a aquellos que son fieles con lo que reciben. *Por tanto, una vida abundante en Cristo no es recibida pasivamente, es tomada con agresividad.*

Dejen que les cuente algo sobre mi diario. Lo guardo en mi computadora. Esto funciona mejor que un diario de papel. Después de escribir mis anotaciones, suelo categorizarlas, de acuerdo con tópicos o temas. De esta manera, ellas se convierten en una librería en mi computadora portátil, una colección de recursos de muchos temas a los que puedo acudir cuando estudio alguno de ellos. Probablemente, ya lo estuvo pensando, pero me he basado mucho en mi diario al escribir este libro (y muchos otros también).

Hice del juramento del salmista mi ambición personal: «Jamás olvidaré tu palabra» (Salmo 119:16). Cuando él me alimenta con la revelación de su palabra, utilizo toda forma imaginable para retener esa verdad en mi corazón y en mi alma. He aquí mi secreto: Lo escribo y luego lo reviso, una y otra vez.

19

El secreto de meditar

«Recita siempre el libro de la ley y medita en él de día y de noche; cumple con cuidado todo lo que en él está escrito. Así prosperarás y tendrás éxito» (Josué 1:8).

Qué quiere decir meditar en la palabra de Dios? Significa bajar la velocidad de lectura y contemplar cada palabra y frase, buscando los significados más profundos y completos. Es a través de la meditación que descubrimos los secretos de las riquezas de la palabra de Dios. Ella es como una cadena montañosa con grandes bolsones de joyas y vetas de oro. El lugar secreto es nuestra oportunidad para cavar. Descubrimos diversas capas de rica comprensión a medida que vamos más y más profundo, considerando cada término y releyendo una y otra vez las frases. Siempre considero que cada versículo tiene un significado mayor al ya descubierto. La meditación es el arte de desenterrar todo lo que podamos de cada vocablo.

La palabra escrita de Dios es revelada por la Palabra Viviente, a través del poder del Espíritu Santo: «conocimiento y ciencia brotan de sus labios» (Proverbios 2:6). La fuente de la iluminación es la boca de Dios. Él debe hablarnos. Así, a medida que meditamos en Su palabra, entramos en el Espíritu y clamamos desde nuestro corazón: «¡Señor, háblame!» Nos damos cuenta de que sin Su ayuda nunca descubriremos las riquezas de Su espléndida palabra. Cada una de ellas puede sostener la intensidad de un cuidadoso interrogatorio. Esta intensidad está centrada en el Salmo 77:6: «Mi corazón reflexiona por las noches; mi espíritu medita e inquiere». Al meditar en la palabra, nuestro espíritu diligentemente está buscando nuevos conocimientos.

¡Hay tanta más profundidad en la Escritura de la que realmente encuentra nuestro ojo en la primera lectura! Algunas verdades nunca se encontrarán hasta que usted se tome el tiempo de sentarse y mirar fijamente al texto, considerando con cuidado su contenidos e implicancias. Las aparentes contradicciones, a veces, contienen las más grandes verdades. Algunas porciones tienen más de una aplicación. Realmente contienen capas de verdad que están sin descubrir, como la piel de una cebolla.

Una de las mejores maneras de meditar en la palabra de Dios es formulando preguntas sobre el texto. Algunas de las que se hacen con más frecuencia son: ¿Quién es el escritor y a quién le está hablando? ¿Qué quiso decir? ¿El versículo contiene un principio espiritual? ¿Cómo se aplica esta verdad a mi vida?

A su tiempo, usted desarrollará su manera personal de realizar preguntas sobre el texto. Una de las más importantes que le hago a un versículo es: «¿Por qué el Espíritu Santo ordenó que fuera escrito de esa manera?» Me pregunto por qué lo dice de ese modo, utilizando ciertas frases y no, otras. Cuando una oración, aparentemente, no aporta nada al pasaje, vuelvo a mirarla para considerar por qué el Espíritu Santo la incluyó. Cuando un versículo parece tener un sentido misterioso o indirecto, mi curiosidad se despierta. Si otro es descaradamente obvio, me vuelvo suspicaz, al pensar que puede haber profundas verdades en él, a las que fácilmente pasaría por alto.

Aquí hay otras formas de realizar preguntas mientras meditan.

– **Contexto:** Una frase o versículo casi siempre es comprendido mejor al mirar cuidadosamente el contexto en el que se halla. ¿De qué manera los versículos previos establecen una base para él? ¿Cómo los siguientes aclaran y completan su comprensión?

– **Significado de la Palabra:** Algunas palabras, en los idiomas originales de la Biblia, hebreo y griego, tienen más de un posible significado. ¿Cuántos sentidos tienen las más importantes de este versículo? ¿Diferentes traducciones de la Biblia proveen otros significados? ¿Los materiales referidos a ella, como el Diccionario Bíblico o el Lexicón, brindan mayor comprensión?

– **Referencias cruzadas:** Una concordancia es de extrema ayuda, durante los tiempos de meditación, para considerar otros versículos que contienen la misma palabra, frase o conceptos del texto en cuestión. Algunas «Ediciones con Referencias» presentan referencias cruzadas que aparecen en columnas verticales o en notas al pie. ¿En qué otro lugar de la Biblia ocurre esto, y de qué manera aquel versículo trae comprensión a nuestro texto?

– **Repetición:** ¿Qué palabras merecen una contemplación adicional por causa de su recurrencia? ¿Puedo descubrir verdades que las Escrituras estarían resaltando, al buscar palabras o conceptos repetidos?

– **Simbolismo:** ¿Qué descripciones visuales se están utilizando? ¿Qué representan? ¿Algunos de los símbolos presentes en el texto aluden a realidades espirituales más profundas?

Aquel que medita en la palabra de Dios, lentamente, transformará la fuente interior de la que su alma abreva. Jesús dijo: «El que es bueno, de la bondad que atesora en el corazón produce el bien; pero el que es malo, de su maldad produce el mal, porque de lo que abunda en el corazón habla la boca» (Lucas 6:45). Por causa de nuestra pecaminosidad, todos tenemos dentro depósitos de «tesoros de maldad». Pero, al meditar en la Palabra, estamos depositando «buen tesoro» en nuestro ser interior. La única manera de incorporarlo es guardándolo diligentemente en el lugar secreto de meditación. Dios desplaza al mal. El buen depósito que hemos absorbido se evidenciará a través de nuevas maneras de conversación y de conducta. En una palabra, seremos más como Cristo.

Una vez que usted despierta al deleite de la meditación en la palabra de Dios, se volverá adicto. El lugar secreto se convertirá en su lugar favorito; aún más, en alguna manera, que la congregación de los santos, porque es allí donde Jesús lo alimenta personalmente. En la iglesia, usted recibe revelación que ha sido procesada, primero, a través de otro canal humano. Las porciones más dulces, sin embargo, son aquellas que Jesús le da directamente a su corazón. Cuando el Espíritu Santo hace que la palabra encaje con sus circunstancias, el poder vivificador de Su palabra personalizada tiene la capacidad de ayudarlo a pasar una gran tribulación. ¡Esta es la verdadera fuente de vida!

Proverbios 16:26 describe el proceso por el cual el Señor le hará un adicto a Su palabra: «Al que trabaja, el hambre lo obliga a trabajar, pues su propio apetito lo estimula». El Señor comienza a alimentarlo con Su palabra. Ella saciará su apetito como ninguna otra cosa. Pero, también, provoca un hambre increíble por más. Una vez que probó cuan dulce es el Señor, está arruinado para siempre. ¡Tiene que tener más! De manera que hará cualquier cosa para recibir las palabras de Su boca. Su apetito llega al cielo, y usted sabe que hay una sola cosa que lo dejará satisfecho. Usted llega al sitio de meditación llevado por su hambre. Estar con Jesús en el lugar secreto, leyendo su palabra, se convierte en su ocupación favorita para toda la vida.

«Por último, hermanos, consideren bien todo lo verdadero, todo lo respetable, todo lo justo, todo lo puro, todo lo amable, todo lo digno de admiración, en fin, todo lo que sea excelente o merezca elogio» (Filipenses 4:8).

20

El secreto de la lectura simultánea

La lectura de la Biblia, realizada en un espíritu de sumisa oración a Dios, es una gran transformadora de vidas. ¡La palabra de Dios tiene el poder de cambiarnos! Apocalipsis 1:3 pronuncia una bendición sobre «el que lee... lo que aquí está escrito». Todo lo que tiene que hacer para ser bendecido es leer el libro. Aquellos que comprenden esta verdad se comprometen personalmente a la lectura diaria de la Biblia.

A la vez, se nos asegura: «Toda la Escritura es inspirada por Dios y útil» (2 Timoteo 3:16). En otras palabras, cada porción de la Biblia es útil para el lector. Ninguna parte de ella debe ser pasada por alto o leída rápidamente por aquellos que están ansiosos de ser moldeados a la imagen de Cristo. Él es la Palabra Viviente, y Su gloria se encuentra en cada página de la Biblia.

Por tanto, es necesario plantearse la lectura de ella, en su totalidad. He tenido una práctica, por muchos años, para la lectura de la Biblia, y estoy firmemente comprometido, por una importante razón: Quiero que cada parte de la palabra inspirada por Dios tenga su oportunidad en mi corazón. No quiero que nada en mi alma permanezca sin conmoverse porque no fui cuidadoso al exponerme completamente a Su sabiduría y revelación. Espero que Dios me sorprenda con la manifestación de aquellos fragmentos de Su palabra que pude considerar más desagradables. *Quiero todo el paquete, por eso lo leo completo.*

De manera que, para mí, la lectura de la Biblia es mucho más que cumplir con una cuota diaria. «Bueno, finalmente terminé con la lectura del día; ahora puedo seguir con la vida». No, no es así para mí. El tiempo en la palabra es el lugar de transformación, y celosamente deseo exponer mi corazón de manera consistente y rutinaria a cada porción viva, inspirada y animada de la Escritura.

Alguien, alguna vez dijo que el libro mas leído de la Biblia es el de Génesis. Esto es así porque miles de personas, todos los años, toman una decisión en año nuevo de leer toda la Biblia; arrancan con el libro de Génesis, después, pierden todo el entusiasmo entre Éxodo y Levítico. Comprendo lo que pasa. Muchas personas no entienden el secreto que estoy por compartir.

Una de las más grandes claves para mantener el entusiasmo en su lectura diaria de la Biblia, en mi opinión, es el secreto de la lectura simultánea. Lo que quiero decir con esto es que, en vez de leer varios capítulos de un libro de la Biblia, lea porciones cortas de cuatro libros diferentes, en el mismo día. Aunque hay muchas maneras de hacer esto, deje que le muestre, al explicarle mi régimen personal de lectura de la Biblia.

Divido mi lectura en cuatro secciones:

- Génesis a Malaquías (excepto los Salmos y el Cantar de los Cantares de Salomón)
- Los Salmos y el Cantar de los Cantares de Salomón
- Mateo a Juan
- Hechos a Apocalipsis

Marco los lugares que estoy leyendo con cuatro clips. El primer clip indica mi lectura del Antiguo Testamento. Como mi esperanza es poder leerlo completo en un año, divido el número de páginas que contiene por el número de días del año; así, determino cuántas páginas deseo leer diariamente. Para el tamaño de mi Biblia, con cuatro por día, fácilmente lograría mi propósito. El siguiente clip marca mi lectura en los Salmos (el promedio es medio salmo por día). El tercero, la de los evangelios, con un promedio de dos páginas cada día. El cuarto clip señala mi lectura de las epístolas. Como mi esperanza es leer el Nuevo Testamento en seis meses, calculé que necesito completar dos páginas por día. (El número que usted lea en cada sección depende de sus metas personales).

Todos los días leo, en total, cuatro secciones. Esto da muchos beneficios; por lo menos, la variedad me mantiene atrapado e interesado.

La primer sección, Génesis a Malaquías, tiene algunas partes increíblemente deliciosas y otras difíciles de leer. Al intercalar la lectura del A.T. (Antiguo Testamento) con otras porciones de la Biblia, no me atasco en los pasajes difíciles. Y cada vez que lo leo, descubro algo: Los pasajes más difíciles se vuelven un poco más fáciles porque lentamente comienzo a comprenderlos más y más, con cada lectura. El Señor tiene una extraña manera de bendecidnos, inesperadamente, cuando pensamos que estamos en los pasajes más fastidiosos.

Cuando llego a la segunda sección, los Salmos y el Cantar de los Cantares de Salomón, mi ritmo de lectura desciende. Estos libros contienen el lenguaje del amor, por eso la mayoría de mi tiempo de oración lo paso aquí, mientras lenta y abundantemente retomo mi camino a través de las oraciones y alabanzas de los salmistas. Aquí es donde le doy al Señor de manera sincera y abierta las aflicciones de mi corazón.

¡Adoro la tercera sección! Es en los evangelios donde contemplo a mi Amado, a mi Señor. Veo cómo se mueve, cómo actúa, cómo habla, cómo piensa. Mi corazón sufre por conocerlo más, para verdaderamente contemplarlo, a través del poder del Espíritu Santo. Mi motivación primaria para dejarme fascinar por los evangelios deriva de las palabras de Jesús: «Si permanecen en mí y mis palabras permanecen en ustedes, lo que quieran pedir se les concederá» (Juan 15:7). Al permanecer en él y consagrarnos a Sus palabras, estoy golpeando la puerta de la oración contestada. Aquí se encuentran las llaves de poder y la autoridad del reino, una puerta a la que golpeo diariamente.

¿Y las epístolas de la cuarta sección? ¡Son asombrosas! Nunca me canso de releer cómo los autores del Nuevo Testamento articularon la maravilla, la belleza, el poder, el reino, la cruz, la gracia y los juicios venideros de nuestro Señor Jesucristo. ¡Oh, la Biblia es un libro glorioso y me encanta leerlo!

Es la búsqueda de Cristo en su palabra lo que me hace levantar en las mañanas. Mi tiempo en la palabra es mi fuente de vida y de salud. Este es el lugar donde recibo gracia para un nuevo día. ¡Sí, amo mi lectura diaria de la Biblia!

Espero que esté captando este pequeño y asombroso secreto. Usted obtendrá ánimo al leerla, dividiendo su lectura en tres o cuatro secciones diferentes y leyendo, simultáneamente, todos los días, cada una de las partes.

Si asume esta propuesta, algo más comenzará a suceder. Una verdad que se encuentra en la primera división aparecerá en su lectura, ese día, en la tercera; un tema de la segunda se verá reforzado por uno de la cuarta. Un versículo de una sección renovará, iluminará y le dará mayor significado a otro de otra sección. Verá que ciertos temas aparecen en varios lugares de la Escritura. El conocimiento comenzará a explotar en su corazón al interactuar los versículos entre sí. Es así como la Escritura interpreta a la Escritura. El panorama de la revelación comenzará a expandirse en su corazón y a encender sus pasiones. Una vez que esto comienza a sucederle, ¡queda enganchado! Para siempre. ¡Bien hecho!

21

El secreto de orar las Escrituras

La Biblia es un Libro de Oración masivo. Virtualmente, cada página contiene apuntes de oración. Cuando toma tiempo para empaparse de las Escrituras, no solo será dulce su meditación, sino se encontrará exponiendo espontáneamente su corazón a Dios, en respuesta al texto.

Orar la palabra de Dios de vuelta hacia él es poderoso, por varias razones:

- La misma palabra de Dios «es viva y poderosa» (Hebreos 4:12), de manera que cuando oramos con esos vocablos en nuestros labios, sabemos que estamos haciendo oraciones que son vivas y poderosas.

- Cuando el lenguaje de nuestras oraciones está moldeado por las Escrituras, ganamos confianza, sabiendo que estamos orando de acuerdo con la voluntad de Dios, y eso significa que «podemos estar seguros de que ya tenemos lo que le hemos pedido» (1 Juan 5:15).

- Mientras oramos con el lenguaje de su palabra, este se vuelve el de nuestro diálogo diario con él. Una poderosa transformación comienza en nuestra alma, cuando cada día la conversación comienza reflejando el lenguaje de Dios. Ahora su lengua está encendida por el fuego del cielo más que por el del infierno (compare Hechos 2:3-4 con Santiago 3:6).

— Somos equipados para orar de acuerdo con la voluntad de Dios, de maneras que no habíamos considerado por nuestra cuenta. La palabra nos aconsejará sobre las cosas por la que orar, ampliando profundamente la anchura y la diversidad de nuestra vida de oración.

Si nunca ha orado las Escrituras, permítame tratar de engancharlo. Si intenta conseguir lo que estoy por mostrarle, descubrirá uno de los secretos más maravillosos para hacer de su lugar secreto de relación con Jesús algo absolutamente delicioso y provechoso.

Primero, sin embargo, necesitamos tener una definición adecuada de la oración. En el verdadero sentido bíblico, es el espectro completo de las expresiones humanas de Dios, el título integral que describe acabadamente las que ofrecemos a Dios. De esta manera, la oración incluye la alabanza, la acción de gracias, la adoración, la intercesión, las loas, las súplicas, los gritos de júbilo, levantar las manos, la inclinación, el honor, la exaltación, el cariño íntimo, el arrepentimiento, la guerra espiritual, la profecía, etc.. De modo que cuando las Escrituras comiencen a encabezar sus oraciones, puede esperar que ellas cubran un amplio espectro de expresiones.

Volvamos, ahora, a una porción de las Escrituras y probemos todo esto. Permítame sugerir que comencemos con un Salmo, porque los Salmos son hechos a medida para esta clase de cosas, siendo que ellos ya son oraciones. Voy a escoger arbitrariamente el Salmo 84 (podríamos elegir cualquiera de los ciento cincuenta). Vaya al Salmo 84, y le daré algunas sugerencias para orar con cada versículo.

Cada uno tiene una palabra principal que puede ser el trampolín para la oración. Escoja una palabra o frase clave, y aprenda a desarrollarlas en oración delante de Dios. Ore sobre esos temas a Dios, mencionando otras porciones de la Escritura que vengan a su mente, con relación a ese mismo tema. Tómese de uno a diez minutos con cada versículo, y ore al Señor. Pruébelo. Ábrase camino a través de algunos de ellos, ahora mismo; acostúmbrese a esto.

- «¡Cuán hermosas son tus moradas, Señor todopoderoso!» (Salmo 84:1).
- Dígale al Señor cuantas cosas encuentra amorosas en él.
- Desde que su corazón es su tabernáculo, dele gracias por las cosas hermosas que él ha estado haciendo en usted.
- Su tabernáculo también es la congregación de los santos; ensálcelo por las cosas hermosas que ha estado haciendo con su pueblo, su esposa.
- Adore al Señor como al Capitán de todas las multitudes del cielo.

(Como ejemplo, voy a «orar» el versículo de esta página, resaltando las palabras de mi oración que están conectadas con él. 1: **¡Oh, Señor, cuán hermoso eres tú!**

¡Doquiera tú vives es **hermoso**, porque tú eres **hermoso**! Tú haces que todo lo que te rodea sea **hermoso**. Señor, cómo deseo morar en tu **habitación**. Quiero estar contigo, disfrutando de ti, y siendo algo **hermoso** por medio de ti. Prefiero estar contigo que en cualquier otro lugar. También, el panorama de tu **tabernáculo** es todo **hermoso** para mí. Pienso en los ángeles, los serafines, las criaturas vivientes, los veinticuatro ancianos, todos reunidos alrededor de tu trono y contemplándote a ti. ¡Maravilloso, tú eres insuperable en belleza y en esplendor! **Señor todopoderoso**, poderoso campeón del cielo, gran guerrero de gloria, hoy me inclino ante tu majestad y grandeza. Con gran gozo me presento delante de ti. ¡Gracias por la sangre de Cristo que me concede esta osadía ante el salón de tu trono! Cuán eternamente bendecido estoy, aquí contigo. ¡Te adoro, poderoso Dios!)

«Anhelo con el alma los atrios del Señor; casi agonizo por estar
en ellos. Con el corazón, con todo el cuerpo, canto alegre al
Dios de la vida» (Salmo 84:2).

– Exprese a Dios cuánto lo anhela y desea. Deje que él vea las
emociones de su alma en este mismo momento.
– Comprenda que está en los atrios del gran Rey; dígale que
está listo y totalmente disponible delante de él.
– Con todo su corazón y, también, literalmente, con su carne,
clame al Dios viviente.

(Como otro ejemplo, esta es mi oración sobre el versículo
dos, con las palabras resaltadas que son las que la disparan: ¡Mi
Dios, como te **anhelo**! Cada parte de mi ser te **desea**: mi **alma**,
mi mente, mis emociones, mi espíritu, mi **corazón**, mi **cuerpo**,
todo mi ser! Te deseo más que toda otra cosa en la creación. Si
solo puedo tenerte a ti, Señor, serías mucho más que mi recompensa. Si no te revelas a mí, voy a **agonizar** de **deseo**. Estoy tan
enfermo de amor por ti que estoy **agonizando** por amor. ¡Como
te **deseo**! Deseo tus atrios, porque es allí donde vives. Deseo vivir
donde tú vives, por el resto de la eternidad. Aquí estoy, clamando por ti, mi Dios. ¿Mirarás mi clamor? ¿Mirarás mis lágrimas?
¿Tendrás misericordia de mí? Tú solo eres Dios, la verdad y el
Dios de la vida, y tú solo levantas mi alma. ¿Cuándo vendrás a
mí?).

«Señor Todopoderoso, rey mío y Dios mío, aun el gorrión
halla casa cerca de tus altares; también la golondrina hace allí
su nido, para poner sus polluelos» (Salmo 84:3).

– Dígale cuanto desea estar con él, continuamente, al punto
de tener envidia del ave que puede hacer su hogar en los altares
de Dios.
– Dígale que su corazón encuentra su hogar en él.
– Adórelo como su Rey.

(No voy a escribir más ejemplos de mis propias oraciones; estoy seguro de que ya captó la idea. Derrame su corazón ante Dios basado en las palabras del versículo tres).

> «*Dichoso el que habita en tu templo, pues siempre te está alabando. Selah*» (Salmo 84:4).

– Déle gracias por la bendición bajo la que vive, porque usted vive continuamente en Su presencia.
– Exprese el propósito de su corazón para ofrecerle continuamente sacrificios de alabanzas. No es simplemente algo que hacer; es lo que usted es.
– Tome algunos momentos «Selah» para adorarle libre y espontáneamente.

> «*Dichoso el que tiene en ti su fortaleza, que sólo piensa en recorrer tus sendas*» (Salmo 84:5).

– Recuérdele cuán débil y dependiente es usted de él por cada gramo de su fuerza.
– Dígale una vez más que usted es un peregrino; que tan solo está pasando por esta tierra, en busca de la ciudad celestial, cuyo hacedor es Dios.
– Déle gracias por el camino que le está mostrando en este peregrinaje. No ha sido siempre el que quiso transitar, pero ha sido para bien.

> «*Cuando pasa por el valle de las lágrimas lo convierte en región de manantiales; también las lluvias tempranas cubren de bendiciones el valle*» (Salmo 84:6).

– Aunque rara vez son un motivo de gozo, déle gracias por los valles de la vida. Dígale sobre sus valles actuales.
– Baca (NT: En la versión en inglés, figura valle de Baca en

lugar de valle de Lágrimas) significa «llanto»; deje que su corazón fluya hacia él, aun con lágrimas.

- Confiese su fe en Su liderazgo, en que él puede hacer que las tinieblas de su valle se vuelvan un lugar de manantiales y de fuentes, la clave para que éste se convierta en un jardín.

«Según avanzan los peregrinos, cobran más fuerzas, y en Sion se presentan ante el Dios de dioses» (Salmo 84:7).

- El valle puede ser un lugar de debilidad, pero, gracias a Dios, que está guiándolo a través de él, hasta el próximo monte de fortaleza.
- ¡Regocíjese!, que Dios va a convertir la tiniebla de su valle en un encuentro cara a cara con Su gloria.

«Oye mi oración, Señor, Dios Todopoderoso; escúchame, Dios de Jacob. Selah» (Salmo 84:8).

- Derrame su corazón delante de él. Dígale cuán desesperada mente desea que él lo escuche.
- Adore al Dios que, como fue de fiel con Jacob, lo será con usted. ¡Él lo defenderá!
- Recuérdele al Señor cómo defendió a Jacob, y pídale las mis mas bendiciones.

«Oh, Dios, escudo nuestro, pon sobre tu ungido tus ojos bondadosos» (Salmo 84.9).

- El escudo puede ser una referencia a la reputación perdida por las oraciones no contestadas; clame a Dios para que restaure su fortuna y lo reivindique.
- Al darse cuenta de que usted tiene una unción de lo alto, suplique a Dios para que lo cuide y tenga misericordia de usted.

> *«Vale más pasar un día en tus atrios que mil fuera de ellos;*
> *prefiero cuidar la entrada de la casa de mi Dios que habitar*
> *entre los impíos» (Salmo 84:10).*

- Este es un gran versículo para ayudarle a expresar cuánto lo ama. Un día en sus atrios es mejor y más estimulante que mil, en cualquier lugar.
- Dígale que su corazón no está envanecido ni en cosas subli mes; que está feliz, aunque sea con ser un portero para él.
- Clame a su misericordia, para que pueda vivir en Su presen cia por siempre y nunca descienda al nivel de los impíos.

> *«El Señor es sol y escudo; Dios nos concede honor y gloria. El*
> *Señor brinda generosamente su bondad a los que se conducen*
> *sin tacha» (Salmo 84:11).*

- Como Su hijo, dígale cómo él es la luz de su vida, su brillo, su fuente de abrigo, el que ilumina su camino.
- Adore su escudo, al Señor, su protector.
- Reciba su gracia y gloria ahora mismo.
- Declare su pertenencia a la verdad de Su bondad; Él nunca retendrá esta de su vida porque usted se conduce sin tacha.
- Dígale que lo ama tanto que trabajará, de acuerdo con Su gracia, para conducirse con rectitud en todas las cosas.

> *«Señor Todopoderoso, ¡dichosos los que en ti confían!» (Salmo*
> *84:12).*

- ¡Dele gracias, que este versículo lo describe a usted!
- Dígale cuánto confía en él.
- Adore al Señor de los ejércitos del cielo, porque está derra mando sus bendiciones sobre usted.

Al orar las Escrituras, no tenga temor de las repeticiones. La reiteración de palabras y frases, cuando están llenas de sentido, obran poderosamente para alojarse en su espíritu y provocar que la verdad tenga un impacto pleno en su corazón y en su mente. *Queremos que la palabra de Dios entre en nuestros corazones, atrape nuestra atención con su impacto, alargue y expanda nuestros corazones con un apasionado deseo, entre en la trama de nuestro hablar y de nuestras acciones y produzca fruto para vida eterna.*

¡Espero que se ejercite orando las Escrituras hasta agotarse! Una vez que descubre este secreto, querrá llevar su Biblia a todo lugar para orar. La llevará a su lugar secreto, a su grupo casero, a sus reuniones corporativas. ¡Estará orando la palabra, aun mientras maneja!

Qué poderosa dádiva nos ha dado Dios con su palabra. Esta es una manera de evitar la oración centrada en uno mismo, basada en el hombre, llena de lástima, hacia la que nuestras almas se inclinan. Podemos penetrar en Su mente, Sus pensamientos, Sus expresiones, Sus prioridades, y orar de acuerdo con Su voluntad, desde Su palabra, en el poder del Espíritu Santo. ¡Asombroso!

22

El secreto de completar lo comenzado

Algunas veces, nuestro lugar secreto se ve interrumpido por fuerzas, más allá de nuestro control. Las emergencias suceden. La agenda del día demanda que salgamos para cumplir con un compromiso en nuestro calendario, como ir a trabajar.

En ocasiones, nos sentimos como: «¡Aún no he terminado! ¡Señor, quiero más tiempo contigo! Voy a volver a este lugar, antes que este día termine. Necesito reanudar desde el mismo lugar donde dejamos y terminar mis asuntos contigo».

El Señor comprende cuando las demandas de la vida lo sacan del lugar secreto. Él no lo condena o se enfada, sino que disfruta al mirar la sinceridad del corazón cuando honestamente usted desea tener más tiempo en su presencia.

Después de esta justificación, deseo sugerirle un elemento sobre el lugar secreto que algunos no han hallado aún. Es la cuestión de «completar» su tiempo con Dios, antes de entrar en los asuntos del día.

Cada visita al lugar secreto es, en sí misma, un evento. Muchos han comprendido la necesidad de «una brecha», de seguir presionando hasta cruzar el umbral de su propio espíritu, hasta encontrar libertad en su corazón y una conexión en su espíritu. Sabemos que hay un tiempo para «precalentamiento», y otro de intimidad e interacción. *De todas maneras, no siempre hemos comprendido que el lugar secreto no está siempre pleno, sin el final apropiado y la completa culminación de lo que Dios piensa.*

Este es un versículo interesante sobre la vida de oración de Jesús: «Un día estaba Jesús orando en cierto lugar. Cuando terminó, le dijo uno de sus discípulos: —Señor, enséñanos a orar, así como Juan enseñó a sus discípulos» (Lucas 11:1). Era obvio que para Jesús había una culminación en su tiempo de oración, porque dice: «Cuando terminó». En un sentido técnico, sabemos que él oró sin cesar; pero cuando iba a Su lugar secreto, llegaba a un punto donde terminaba. Llegaba el momento de finalizar. De hecho, la Nueva Versión de la Biblia Americana lo traduce: «después de que hubo terminado».

Uno de los secretos del lugar secreto es permanecer en él hasta finalizar. La manera en que usted sabe que ha terminado puede variar de un día a otro, pero le sugiero que *la decisión de cuando el tiempo se cumple no es en principio suya, sino de Dios.* Deje que él decida cuándo se termina. Dele el honor de despedirlo.

Salomón nos dejó estas sabias palabras: «No te apresures a salir de su presencia» (Eclesiastés 8:3). Si es verdad sobre los reyes de la tierra, entonces es mucho más relevante para aquellos que se acercan a la presencia del Rey de reyes. Habiendo llegado a ella a través de la sangre de Cristo, no estemos apurados para irnos. Detengámonos, esperemos en él, ministremos al Señor, y continuemos sirviendo delante del Rey hasta que llegue su consuelo.

Aquellos que permanecen en su presencia descubren las grandes joyas de su presencia. Las dimensiones mayores de su intimidad no llegan rápidamente. Clamamos a él, y después, él comienza suavemente a dirigirnos hacia el abrazo de su indecible amor.

Un «toco y salgo» nunca servirán. Adelante y «pruebe» este secreto. No se vaya hasta que haya terminado. Entréguese al Rey hasta que él lo envíe a la cosecha. La intimidad de sus habitaciones encenderán su alma, y usted llevará su fragancia a un mundo que desesperadamente desea lo que usted ha encontrado.

23

El secreto de la mañana

¡No lo haga! Lo que quiero decir es que no saltee este capítulo. Es una tentación mirar el título y pensar: «Ni siquiera voy a ir allí. No soy una persona madrugadora y no quiero leer sobre cómo la mañana es el tiempo óptimo para el lugar secreto. Lo he intentado, y no funciona para mí. Soy una persona noctámbula, y ese es mi mejor momento».

¡Qué bueno! Si la noche es su mejor momento, ¡dele a Dios lo mejor! No creo que la vida secreta con Dios de todos sea idéntica. Somos muy singulares, y al Señor le encanta esa especie particular de fragancia que viene de nuestra individualidad. De manera que dele a Dios la parte de su día que funcione mejor con su personalidad.

Para la mayoría, la mañana representa «lo mejor de nosotros». Es el tiempo cuando nuestra mente está más despejada y atenta. Puede ser, también, el momento más valioso, en el sentido de que muchas demandas quieren atrapar nuestra atención en la mañana. Ahora, reconozco que muchos lectores trabajan en turnos nocturnos o tienen horas de ocupación variables. *Por eso, cuando me refiero a «la mañana» en lo que resta de este capítulo, por favor, comprenda que me estoy refiriendo al «mejor» tiempo y al «más valioso» del día.*

Algunos de mis amigos son personas nocturnas, pero, aun ellos, me han dicho que la mañana es su mejor momento para el lugar secreto. Uno me dijo: «No soy una persona madrugadora, pero el tiempo más productivo para mí es temprano por la mañana».

Otra amiga expresó: «No soy madrugadora, pero –añadió– he notado que cuando tengo mis devocionales en la mañana, su palabra es más fresca para mí y soy más obediente a ella. De manera que he comenzado a disciplinarme para tener mi tiempo de quietud con Dios durante ese momento del día. Me di cuenta de que estoy mejor equipada para manejar lo que me sucede después». No obstante, ella también añadió que utiliza las noches para la lectura de la Biblia.

He oído, de más de una persona, que es de ayuda para ellos establecer un tiempo y un lugar para encontrarse con Dios. Al hacerlo en forma consistente, pueden profundizar su relación con Cristo.

Algunos suponen que cuando Dios iba a estar en comunión con Adán y Eva «cuando el día comenzó a refrescar» (Génesis 3:8), era una referencia a la mañana. ¿Es la mañana la primera elección de Dios? Es difícil ser dogmático. Isaac utilizó la quietud de la noche para meditar con su Dios (Génesis 24:63). Daniel oró en la mañana, en la noche, al mediodía. Tanto David como nuestro Señor Jesús, sin embargo, desarrollaron una vida secreta con Dios, por la mañana temprano.

David escribió: «De madrugada te buscaré» (Salmo 63:1 Reina Valera 1960).

La expresión «de madrugada» significa, al menos, tres cosas para mí:

— En mi vida, lo buscaré temprano, cuando aún soy joven.
— Cuando los problemas recién aparecen en la superficie, lo buscaré enseguida, en vez de acudir a él después de agotar todas las otras opciones.
— Y lo buscaré temprano en el día.

David también describió su lugar secreto con estas palabras: «Firme está, oh, Dios, mi corazón; ¡voy a cantarte salmos, gloria mía! ¡Despierten, arpa y lira! ¡Haré despertar al nuevo día!»

(Salmo 108:1-2). David estaba decidido, «firme» en su corazón, sobre la prioridad del lugar secreto. Tenía una ferviente constancia; su celo por buscar a Dios era cabal y de fervor consistente. Así como el amor de Dios hacia David era firme, el amor de David por Dios, también. Realizó sus «votos día tras día» (Salmo 61:8), al comprometerse resueltamente a buscar a Dios temprano, en horas de la mañana, el tiempo en que él haría «despertar al nuevo día».

El Señor, también, desarrolló un modelo de oración, temprano al levantarse. «Muy de madrugada, cuando todavía estaba oscuro, Jesús se levantó, salió de la casa y se fue a un lugar solitario, donde se puso a orar» (Marcos 1:35). El contexto de esta declaración es fascinante. Se refiere a la mañana del domingo; el día anterior fue un extremadamente ocupado Sabbat. Enseñó en la sinagoga; sanó a la suegra de Pedro, visitado con el grupo, cerca de la cena; y luego, después de las seis de la tarde del sábado (a la finalización del Sabbat), Jesús fue repentinamente bombardeado por una multitud que estaba rodeándolo, esperando un toque sanador. Una vez que el Sabbat terminó, Jesús fue instantáneamente asediado por la muchedumbre. Sanó a los enfermos y les ministró, y no se nos dice hasta qué hora de la noche duró la reunión. Todo lo que sabemos es que, a la mañana siguiente, levantándose «cuando todavía estaba oscuro», Jesús salió para el lugar secreto. ¿Podría ser que la intensidad de la ministración de la noche anterior le dio un deseo aún mayor de estar con su Padre en la mañana? Una cosa parece clara: no fue una noche especialmente larga.

Aun cuando su cuerpo deseaba dormir más, Jesús sabía que Su fuente verdadera de revitalización no iba a estar en su espalda sino en Su rostro. El compromiso de Jesús con el lugar secreto fue profetizado, con profundidad, por David, en el Salmo 110:3: «En la hermosura de la santidad. Desde el seno de la aurora. Tienes tú el rocío de tu juventud» (Reina Valera 1960). *El lugar secreto era para Jesús «el seno de la aurora». Era el lugar donde la vida era incubada, donde germinaba la creatividad, donde se gestaba la inspiración, donde el poder se filtraba.* Cuando Jesús arrancaba desde este seno de feliz santidad, estaba revitalizado y energizado en «el rocío de tu juventud.» Emergió del lugar secreto sintiéndose joven de nuevo y listo para cumplir el mandato del Padre.

Así, el Salmo 110:3 describe la triple naturaleza del lugar secreto de Jesús en la relación con su Padre:

- **Intimidad:** «En la hermosura de la santidad» indica la proximidad de su presencia.
- **Fecundidad:** «Desde el seno de la aurora» apunta al poder creativo que produce vida.
- **Tonificación:** «Tienes tú el rocío de tu juventud» habla sobre la revitalización y renovación del vigor.

Jesús experimentó este dinamismo en su vida secreta con Dios, ¡y usted también puede! ¿No está seguro de si hacerlo a la mañana o a la noche? ¿Por qué no, en ambas? Dele a él los primeros y los últimos frutos de su día. ¡Él merece lo mejor de usted!

24

El secreto de estar vestidos

Satanás se reserva algunos de sus ataques más vehementes para esos momentos en los que entramos al lugar secreto, porque él odia cuando los santos se conectan con su Dios. De repente, nuestros pecados, fallas y deficiencias comienzan a pasar delante de nuestros ojos como un vídeo en colores. Muchos creyentes evitan inconscientemente el lugar secreto porque no quieren enfrentar el aluvión de vergüenza y culpa con el que el enemigo típicamente los golpea en el lugar de oración. Por lo tanto, una de las primeras cosas que debemos hacer en la mañana es vestirnos con la ropa de nuestro Señor Jesucristo. Cuando nos vestimos con Cristo, ninguna acusación puede tocarnos.

La Escritura nos advierte que el estilo de Satanás es acusar «día y noche delante de nuestro Dios» (Apocalipsis 12:10). Él no lo hace cuando estamos considerando comprometernos; pero, sí, nos acusa cuando nos estamos preparando para ir delante de Dios. De manera que el primer paso para vencer el obstáculo de la acusación es comprender que es parte del ciclo. El acusador trata de influir de esta manera en todos nosotros. Son gajes del oficio del lugar secreto.

Las acusaciones de Satanás funcionan, al menos, en cuatro niveles:

- **Acusa a Dios con nosotros.** Satanás señalará la manera en que Dios ejerce su paternidad con nosotros, diciendo «¡Mira cómo Dios te trata!» (Sus acusaciones siempre suenan como si fueran su voz y sus pensamientos, pero, en realidad, son los de él, interfiriendo en su mente). «No puedo creer que Dios me está haciendo pasar a través de todo esto. Dios es un tirano. No hay nada bueno sobre la manera en que él me está tratando. ¿Cómo puedo confiar en él cuando me trata así? No está cumpliendo sus promesas en mí. No creo que, incluso, alguna vez lo haga». Satanás quiere que adoptemos una postura acusatoria hacia Dios. Por eso es que amar a Dios, en medio del dolor, es tan poderoso espiritualmente, para luchar contra las estratagemas de Satanás.

- **Nos acusa delante de Dios.** Le dice, para que escuchemos, cuán grandes fracasados somos. Recuenta todos nuestros defectos, en tecnicolor y con lujo de detalles. Nos pinta como una vergüenza para el reino de Dios. Él no se desconcierta en lo más mínimo por las injurias de Satanás; pero, a veces, nosotros sí. Comenzamos a preguntarnos si Dios estará enojado con nosotros. Si nuestros corazones no están arraigados en la gracia, podemos sentirnos desplazados del amor de Dios por nosotros.

- **Nos acusa el uno con el otro.** El acusará a los otros santos conmigo, haciéndome dudar sobre su caminar con Dios. Si Satanás logra que cuestione las motivaciones de mis hermanos, el próximo paso será convencerme de que ellos hacen lo mismo en mí. Así, intenta causar brechas en las relaciones, en el cuerpo de Cristo.

- **Nos acusa con nosotros mismos.** En esto, Satanás es singularmente bueno. Es un experto en reprendernos por nuestros pecados y debilidades, especialmente cuando estamos deseando acercarnos más al Señor.

Cada uno de nosotros encontrará la manera personal para tratar con las acusaciones del enemigo, pero aquí hay algunos recursos habituales para desactivar sus mentiras:

– **Confesión y arrepentimiento.** Las acusaciones de Satanás conllevan un aguijón que usualmente contiene una fracción de cierta verdad. Así que, adelante, póngase violento. Confiese su pecado, menciónelo con sus peores términos y arrepiéntase. ¿Y qué problema hay si es la enésima vez? Sé quién soy. No soy un pecador que lucha por el amor de Dios; soy un amado de Dios que lucha contra el pecado. Soy, primeramente, un amante de Dios; no, un pecador. Esa es mi última identidad. De manera que lucharé una vez más contra todo pecado conocido o transgresión y lo confesaré libremente a Dios, recibiendo Su perdón.

– **Póngase debajo de la sangre.** ¡Oh, gracias a Dios por la sangre de Jesús! Su sangre expiatoria es totalmente poderosa, eternamente eficaz, y solo ella tiene el poder de limpiar la conciencia profana. La sangre de Cristo es mi fundamento para entrar a la presencia del Rey. Ahora voy con osadía al trono de gracia porque entro por Su sangre a través del velo de Su carne. ¡Soy bienvenido en los atrios de gloria porque Cristo derramó su sangre!

– **Vístase.** Lo que quiero decir es que se ponga toda la armadura de Dios, de acuerdo con Efesios 6. Al leer esta porción de la Escritura, quiero que observe que la razón para ello es para que podamos orar.

Pónganse toda la armadura de Dios, para que pueda hacer frente a las artimañas del diablo. Porque nuestra lucha no es contra seres humanos, sino contra poderes, contra autoridades, contra potestades que dominan este mundo de tinieblas, contra fuerzas espirituales malignas en las regiones celestiales. Por lo tanto, ármense con ella, para que cuando llegue el día malo, puedan resistir hasta el fin con firmeza.

Manténganse seguros, ceñidos con el cinturón de la verdad, protegidos por la coraza de justicia, y calzados con la disposición de proclamar el evangelio de la paz. Además de todo esto, tomen el escudo de la fe, con el cual pueden apagar todas las flechas encendidas del maligno; el casco de la salvación y la espada del Espíritu, que es la Palabra de Dios. Oren en el Espíritu en todo momento, con peticiones y ruegos. Manténganse alerta y perseveren en oración por todos los santos (Efesios 6:11-18).

Vestirse completamente comienza con ponerse el cinturón de la verdad. La verdad de la palabra de Dios es lo que le permitirá ceñirse la cintura y prepararlo para la carrera. El ataque de Satanás se conforma de mentiras y de medias verdades. Hable la palabra de verdad; ¡gane la batalla por la verdad! Párese con confianza en la verdad de quién es usted en Dios.

Véase vestido con Su coraza de justicia. ¡Usted es la justicia de Dios en Cristo! Póngase cada pieza de la armadura, una a la vez: el calzado de la paz, el escudo de la fe, el yelmo de la salvación, la espada del Espíritu.

Note que el pasaje nos llama a «mantenernos». No tiene que estar buscando una pelea; sólo entre al lugar secreto y la lucha ¡vendrá hacia usted! De repente, es arrojado al medio de ella. Es el momento de permanecer firme. Manténgase sobre la verdad, póngase bajo la sangre y pelee la buena batalla. Manténgase estable, hasta que el enemigo admita la derrota y se aleje por un tiempo.

Cuando se pone la armadura de Dios, esto es lo que realmente está haciendo: se está poniendo en Cristo. «… revístanse ustedes del Señor Jesucristo, y no se preocupen por satisfacer los deseos de la naturaleza pecaminosa» (Romanos 13:14). Jesús es cada una de las piezas de su vestidura; usted está revestido de Cristo. Cuando el Padre lo mira, ve a Jesús. ¡Y usted está sensacionalmente atractivo para él! Él lo favorece, sí, ¡aún lo prefiere! ¡Está tan contento de tenerlo a usted en Sus brazos! El lugar secreto es donde celebramos el hecho de que él se mató a sí mismo para ganar nuestros corazones para él.

Nuestra vestidura en Cristo ahora es «afecto entrañable y de bondad, humildad, amabilidad y paciencia...amor» (Colosenses 3:12,14). De esta manera es como nos vestimos con las vestiduras blancas de Apocalipsis 3:5. Este es el secreto: Cuando nos damos cuenta de que estamos vestidos con las mismas ropas de Cristo, nuestro nivel de confianza delante de Dios se eleva hasta el cielo. Las acusaciones de Satanás no pueden alojarse en nosotros, y solo rebotan contra nuestro escudo de fe. Somos aceptados por el Padre y ahora podemos disfrutar la pacífica intimidad del diálogo con Jesús.

¿Golpeado por las acusaciones? ¡Vístase!

25

El secreto de la negación de sí mismo

Luego, dijo Jesús a sus discípulos: «Si alguien quiere ser mi discípulo, tiene que negarse a sí mismo, tomar su cruz y seguirme» (*Mateo 16:24*).

Algunos pueden pensar que Jesús está diciendo: «Dado que yo tengo que sufrir tanto para procurar vuestra salvación, quiero que ustedes también sufran». Pero el Señor no quiso decir eso como una invitación mórbida al sufrimiento; quiso hacer una invitación gloriosa a la intimidad con él.

«Si realmente quieren estar cerca de mí –les está diciendo– déjenme darles la llave. Niéguense a sí mismos, tomen su cruz, y síganme». Es una invitación a la más sublime intimidad, pero solemos evitarla porque pensamos que el costo es muy alto. Lo que debemos comprender, sin embargo, es lo que estamos comprando. Es como si alguien nos ofreciera un Mercedes nuevo por veinte pesos, ¡y nosotros nos lamentáramos por el hecho de que están tratando de sacarnos veinte pesos! En comparación con lo que estamos llevando, ¡el costo no es nada! De manera similar, la negación de uno mismo es un precio que pagar muy bajo por las increíbles delicias de la amorosa comunión con el Señor.

Si puede recibirlo, aquí está el secreto: *La negación de sí mismo puede servir como un catalizador para impulsarlo hacia deleites mayores de intimidad en el lugar secreto.* Ella despierta el flujo de vida y de amor en ese sitio. La negación de sí mismo y la intimidad van de la mano.

Negarse a sí mismo no es lo mismo que tomar su cruz. Tomar la cruz, al menos en este sentido, es crucificar las pasiones pecaminosas de la carne. La cruz tiene que ver con la muerte de la carne, del hombre carnal. La negación de sí mismo, en cambio, tiene relación con las pasiones buenas y saludables. *Ella es la intencionada reducción de las pasiones y deseos saludables, con el propósito de buscar más a Jesús.*

Para clarificar, he aquí unos ejemplos de las muchas maneras en que la negación de sí mismo puede ser invocada:

- Ayunando o reduciendo la ingesta de comida o bebida;
- Durmiendo menos;
- Evitando el buen entretenimiento;
- Diciendo que no a las invitaciones sociales o de amigos;
- Reduciendo el tiempo dedicado a la recreación y el ejercicio;
- Interrumpiendo temporalmente las relaciones maritales;
- Aceptando un voto al celibato;
- Gastando menos cuando podría pagar más, etc.

Ninguna de las actividades anteriores es pecaminosa. Practicadas con moderación y equilibrio, son dádivas de Dios para que podamos disfrutar una vida plena y satisfactoria. Pero algunas personas quieren más que una vida feliz. Quieren conocer a Jesús; aspiran a lograr la conquista del reino; desean acumular para el tesoro eterno; anhelan el derramamiento del Espíritu de Dios en esta generación. Por tanto, avanzan en el reino con violencia espiritual. La negación de sí mismo es el don de Dios que nos permite elevar el calor del horno de nuestro amor, siete veces más.

Algunos beneficios espirituales de la negación de sí mismo incluyen:

Una perspectiva clara

Cuanto más se niegue a sí mismo, más caen las escamas de sus ojos. Comenzará a ver el mundo como lo que es (naturalmente nos volvemos insensibles a la mugre del sistema del mundo que nos rodea). Éste no se niega nada, de manera que cuando usted abraza la negación de sí mismo, está haciendo algo fuera de este mundo. La negación de sí mismo demuestra que no amamos el mundo ni las cosas que están en el mundo. La falta de comida, finalmente, hizo reaccionar al hijo pródigo. «Por fin recapacitó y se dijo: «¡Cuántos jornaleros de mi padre tienen comida de sobra, y yo aquí me muero de hambre!» (Lucas 15:17) De manera similar, el ayuno espiritual auténtico es un bien poderoso para ayudarnos a reorientarnos en los valores y realidades verdaderas del reino.

Cambio acelerado

Cuando comienza a ver cómo el mundo ha infectado su estilo de vida, la gracia es liberada para abrazar el cambio personal. La pura verdad es que el Señor Jesús honra la negación de uno mismo. Él adora la apasionada y humilde determinación de aquellos que voluntariamente abrazan la negación personal, por eso la recompensa con su gracia para ganar en pureza personal y verdadera santidad. Él da gracia al humilde.

Al hablar sobre el ayuno, Jesús dijo: «Ni echa nadie vino nuevo en odres viejos. De hacerlo así, el vino hará reventar los odres y se arruinarán tanto el vino como los odres. Más bien, el vino nuevo se echa en odres nuevos» (Marcos 2:22) Con claridad, Jesús enseñó que el ayuno juega un papel crítico en la preparación de los viejos odres para recibir, una vez más, vino nuevo. La negación personal tiene un poderoso efecto en la formación de nuestras almas, preparándonos para el nuevo vino del renovado mover de Dios entre nosotros.

Preparación para el ministerio profético

Cuando algo se practica en exceso, no es posible hacerlo con moderación. Al manifestarte en exceso, debes santificarte aun por las expresiones sanas y equilibradas de esa práctica.

Jesús modeló este principio. Para referirse a la avaricia de los Fariseos, Jesús ni siquiera se permitió tocar dinero. Para referirse a la tendencia de los Fariseos de concentrarse en determinadas prendas, Jesús usó una vestidura muy sencilla. Para referirse a su amor por los mejores lugares en las fiestas y en las sinagogas, *Jesús no se sentó con ellos. Jesús se santificó a sí mismo de lo bueno y normal para poder referirse a lo excesivo y sin equilibrio.*

Aquellos que llevan un mensaje profético al cuerpo de Cristo suelen abrazar la negación personal a diario. Las formas estratégicas de la negación personal nos permiten ser mayordomos de un mensaje profético al cuerpo de Cristo.

Habilidad para oír a Dios

Uno de los primeros beneficios de la negación personal es la manera en que nos otorga poder para oír más claramente a Dios. *Respuestas, guía, dirección, entendimiento, todo parece fluir más libremente cuando la negación personal es libre y voluntariamente abrazada con gracia en el corazón.*

Mike Bickle habla con propiedad sobre el ayuno como una forma de «debilidad voluntaria». Con el sentido que él le da, es la adopción intencional de la debilidad con el propósito de descubrir mayor gracia. La negación personal tiene un efecto agotador en el recipiente humano. Nos hace más vulnerables. Aquellos que se acogen a la debilidad voluntaria tienen una posesión personal de este gran principio: «Te basta con mi gracia, pues mi poder se perfecciona en la debilidad» (2 Corintios 12:9). Cuando la abrazamos, Su gracia se apresura para fortalecernos. Aquellos que adoptan la negación personal tendrán más fortaleza para escuchar la voz de Dios y comprender su voluntad.

Jesús, intrínsicamente, relacionó el lugar secreto con la negación personal. Él dijo:

«Cuando ayunen, no pongan cara triste como hacen los hipócritas, que demudan sus rostros para mostrar que están ayunando. Les aseguro que éstos ya han obtenido toda su recompensa. Pero tú, cuando ayunes, perfúmate la cabeza y lávate la cara para que no sea evidente ante los demás que estás ayunando, sino sólo ante tu Padre, que está en lo secreto; y tu Padre, que ve lo que se hace en secreto, te recompensará» (Mateo 6:16-18).

La negación personal es practicada en secreto. Se realiza silenciosa y exclusivamente para Dios, para ser visto solo por Sus ojos. Cuando se hace en pureza delante de nuestro amoroso Padre, ella sirve para avivar el fluir de la vida en el lugar confidente.

¿Quieren saber un secreto? *Cuando su espacio de encuentro con Dios necesita revitalización, abrace la gracia de la negación personal.* Su corazón será tocado con más facilidad, su espíritu se elevará más alto y se incrementará su conciencia de la presencia de Dios.

26

El secreto del aburrimiento

Siempre se aburre con la oración? Si vamos a ser sinceros, todos nosotros nos hemos aburrido en el lugar secreto. Aquí está el siguiente secretito que este libro revelará con consumada elocuencia: *Todos se aburren en su vida personal de oración y de lectura de la Biblia.* ¡Aun los doce «apóstoles del Cordero» se durmieron en el lugar de oración (Mateo 26:40-45).

Algunos días parece que tengo una conexión especial con Dios. En ellos, suelo pensar: «¿Por qué no es siempre de esta manera?» Pero, en realidad, hay un montón de días inexpresivos, mezclados con los mejores.

A veces, estoy esperando tanto mi momento con el Señor, solo para dormir durante todo ese tiempo. Otras, aparento estar despierto apenas lo suficiente; es que pareciera que el viento del Espíritu no soplara para mí, en ese día en particular. No importa lo que lea, o con cuánto fervor ore; esos días parecen estar destinados a ser inútiles.

Y no estoy solo. Cuando hablo con otros, me doy cuenta de que es una experiencia común de los seres humanos que, en su debilidad y fragilidad, continuamente dejan de alcanzar la clase de conexión con Dios que sus corazones anhelan. «El espíritu está dispuesto, pero el cuerpo es débil» (Jesús habló estas palabras en relación directa con la oración, Mateo 26:41).

Entonces, ¿qué debemos hacer cuando nos aburrimos? Ore, de todas maneras. Persevere. Cumpla la condena. Abúrrase. Aguántelo. No permita que nada lo convenza o lo desvíe, incluso el aburrimiento. A veces, a lo largo del camino, necesitamos tomar una determinada decisión vital: «Estoy dedicando mi vida por la gracia de Dios al lugar secreto, en la lluvia o en el brillo del sol, en los días buenos y en los días malos, cuando es fácil y cuando es difícil». Cuando usted está en la gracia de Dios, puede hacer todas las cosas a través de Cristo, que lo fortalece.

El Señor responde al clamor sincero de: «¡Socorro!»; cuando nos sentimos particularmente débiles, ese es el momento para acudir a él, por la abundancia de Su gracia. «Así mismo, en nuestra debilidad el Espíritu acude a ayudarnos. No sabemos qué pedir, pero el Espíritu mismo intercede por nosotros con gemidos que no pueden expresarse con palabras» (Romanos 8:26). Jesús llamó al Espíritu Santo «el Ayudador» (Juan 14:16; 15:26; 16:7), porque él nos fue dado para ayudarnos en los momentos de debilidad y de necesidad. ¡Llame a su Ayudador! «Espíritu Santo, te necesito ahora mismo. ¡Ayúdame!» Vendrá en su auxilio porque a él le encanta hacerlo.

Cuando me duermo en el lugar secreto, no le permito al enemigo que use eso en mi contra. Simplemente, me veo como su pequeño hijo, acurrucado en Su regazo, tan tranquilo con él que estoy descansando con la sencillez de un niño en sus brazos. Me imagino al Señor usando ese tiempo para mirarme y disfrutar el calor de nuestra cercanía. Me podría haber dormido en cualquier otro lugar, pero escogí hacerlo en sus brazos.

Estoy escribiendo este capítulo, primeramente, para desactivar las estratagemas del enemigo de cargarlo con culpa y vergüenza respecto a su vida secreta con Dios. Él trata de decirle que usted es un fracasado o un hipócrita cuando, en realidad, usted está realizando el mismo peregrinaje que los grandes santos de la historia atravesaron ante que usted. Hablando francamente, a veces, la oración es aburrida y la lectura de la Biblia es como comer aserrín.

Pero esta es la parte buena: ¡Un día de regocijo en el Espíritu Santo es mejor que mil días de batalla! «Vale más pasar un día en tus atrios que mil fuera de ellos» (Salmo 84:10) Realmente, es verdad.

Una vez que Dios lo toca con su Espíritu y lo fortalece con su palabra, queda enganchado sin más esperanza. No le importa cuánto puede durar este desierto, seguirá caminando porque sabe que del otro lado hay un oasis de las delicias celestiales.

Ahora, aún tengo mejores noticias: *¡Cuanto más persevere en el lugar secreto, la mismísima naturaleza de su relación con el Señor comienza a cambiar, y los días malos son menos y se alejan más entre ellos¡* Hay un umbral que, una vez que lo cruza, la emoción del lugar secreto marca su espíritu y usted obtiene un impulso sin paralelos en la conexión con Dios.

El punto es: si permanece, finalmente hará «un negocio redondo». Finalmente la liberación llegará. Aquí y allá podrá haber un montón de horas aburridas, pero no abandone. Las cosas más grandes de la vida, aquellas cosas que conllevan valores eternos, siempre tienen el precio más caro.

¿Aburrido? ¡Es un precio barato!

27

El secreto de sentirse atractivo para Dios

Cuando se presenta delante de Dios, ¿cómo lo ve él a usted? Su respuesta a esa pregunta es de vital importancia para el éxito de su vida secreta con Dios, y el acusador lo sabe. El enemigo quiere que usted vea a un Padre que es severo, demandante, nunca satisfecho con su rendimiento, siempre desilusionado con usted y frustrado con el crecimiento espiritual alcanzado.

Si esa caricatura del Padre celestial se parece en algo a la imagen que usted tiene en su interior, esa idea falsa de cómo Dios lo ve comenzará a dirigir sus respuestas emocionales hacia él. Estará preocupado tratando de agradarle, y su espíritu no se levantará a la libertad de la amorosa adoración que él ha diseñado para usted.

Nada es más letal para el lugar secreto que una idea falsa de cómo Dios lo ve; y nada es más poderosamente energizante que cuando su mente es renovada en la palabra de Dios y usted llega a comprender cómo lo ve el Señor. *¡Cuando se posesiona del hecho de que Dios le está sonriendo, que está desando su compañía, y que anhela la intimidad con usted, la verdad de esa realidad comienza a tocar su química emocional, y entonces, finalmente, comienza a sentirse atractivo para Dios!* Este logro tiene el poder de cambiar todo en cuanto a cómo se relaciona con Dios.

Todo comienza con la comprensión de cómo Dios se siente respecto a la cruz de Cristo. Apocalipsis 5:6 describe a Jesús como un Cordero parado delante del trono eternal «y parecía haber sido sacrificado». En otras palabras, la muerte de Cristo está tan fresca en la mente de Dios como el día en que sucedió. El tiempo nunca borrará de delante de sus ojos lo apremiante del horror del Calvario ni la poderosa obra expiadota de la sangre de Cristo. ¡Dios está eterna e infinitamente apasionado sobre la cruz de su Hijo! Aquellos que ponen su fe en esta gran demostración de amor llegan al refugio del intenso favor de Dios Todopoderoso. Su fe en el sacrificio de Cristo abre las infinitas pasiones y deleites de un Dios exuberante que anhela estar unido a nuestros corazones en eternal amor. Por cuanto ha puesto su amor en el Único sobre quien el Padre ha puesto su amor, ahora tiene una «aceptación» automática con Dios. Usted es su hijo; usted es de la familia.

Cuando sabe que es atractivo para Dios, usted entra a su presencia con valor. Usted entra en su presencia de la manera que él quiere que lo haga, con la cabeza erguida, con ojos expectantes, con una sonrisa de alegría, con voz entusiasta y con un corazón ardiente.

No deja de disfrutar de su compañía porque usted tiene luchas. Él conoce su debilidad. Él ve sus fracasos; aun así, usted le pertenece como su hijo ¡y disfruta de usted aun cuando cae! Le encanta cuando usted se levanta y vuelve a sus brazos nuevamente. ¡Qué alivio, saber que podemos traer todo el paquete de nuestra insuficiencia y deficiencias a su presencia y que amorosamente nos abraza y se regocija en nosotros! Él disfruta con nosotros en todas las etapas del proceso de maduración.

El Salmo 45:11 nos dice cómo nuestro amado Señor se siente cuando nos mira: «El rey está cautivado por tu hermosura». Esta es la manera en que el Rey mira a su novia, quien ha dejado todo para unirse a su Esposo. *¡Usted es bellísimo para Jesús!* Cuando él mira su belleza, desea tenerlo y tomarlo, por siempre y para siempre. Cuando usted viene al lugar secreto, está entrando a las cámaras del

Rey, quien lo encuentra tanto hermoso como deseable. No es solo que usted desea Su presencia. ¡Él desea la suya!

Podríamos llamar a esto « el secreto del atractivo». Es el de comprender que él nos encuentra atractivos. Esto nos da poder para desear sus cámaras de manera constante. Al llegar a su gloriosa presencia, somos transformados a su imagen (2 Corintios 3:18), y la continua metamorfosis en la imagen de Cristo nos hace, si fuere posible, ¡aún más atractivos para él! Así como la novia se atavía con «la hermosura de la santidad» (Salmo 110:3; RV 1960), se intensifica también el generoso cariño de un Dios de amor. *Lo que 1 Pedro 3:4 llama «lo íntimo del corazón» se hace cada vez más hermoso en el lugar secreto del Altísimo, donde «la incorruptible belleza de un espíritu suave y apacible» se perfecciona a través de la intimidad.*

Es aquí donde la novia comienza a rogar: «Grábame como un sello sobre tu corazón» (Cantar de los cantares 8:6). La esposa está diciendo a su Amado: «Haz que tu vida esté unida a la mía. Haz que los sentimientos fundamentales de tu corazón estén atados con los míos. Hazme el centro de tu universo. No quiero que sientas algo sin incluirme a mí. Quiero que compartas cada pasión de tu corazón. Quiero que Tus pensamientos se conviertan en mis pensamientos. Quiero estar unida a ti en amor».

Es un clamor para convertirse en el compañero de su alma. Un compañero del alma no es alguien que solamente llega a las mismas conclusiones que usted, es alguien que llega a esas conclusiones de la misma manera en que usted lo hace. Piensa como usted. Su línea de pensamiento se alinea con la suya. Usted tiene el mismo proceso de pensamiento y respuesta a las situaciones de la vida. Jesús está convirtiendo a su novia en su compañera del alma, y el lugar secreto es donde ese amor se incuba e inflama.

No solo usted es atractivo para Jesús, ¡sino que también es abrazado con pasión por su Padre celestial! Él lo describe como «la niña de sus ojos» (Deuteronomio 32:10; Zacarías 2:8), lo que significa que él lo guarda y aprecia de la misma manera que usted lo hace con la pupila de su ojo.

La descripción de la preocupación de Jacobo por su hijo Benjamín es un paralelo con la del Padre por nosotros:

«Así que, si yo regreso a mi padre, su siervo, y el joven, cuya vida está tan unida a la de mi padre, no regresa con nosotros, seguramente mi padre, al no verlo, morirá, y nosotros seremos los culpables de que nuestro padre se muera de tristeza» (Génesis 44:30-31).

Ellos se refirieron a Jacobo como «cuya vida está tan unida a la del joven». Jacobo representa a su Padre celestial. La vida de su Padre también está «tan unida» a la vida de Sus amados hijos. Él vive cuando ve que usted vive; se emociona cuando lo ve realizado; se regocija cuando usted es liberado; está contento cuando usted está en paz.

Él construyó esta cosa asombrosa llamada «redención» porque su corazón está ligado al suyo. ¡Usted es el centro del universo de Dios!

Jesús testificó sobre esta verdad cuando oró al Padre: «y así el mundo reconozca que tú (…) los has amado a ellos tal como me has amado a mí» (Juan 17:23). ¡Piénselo! ¡Dios lo ama tanto como ama a su unigénito Hijo! Él siente lo mismo sobre nosotros que lo que siente sobre su santo, inmaculado, abnegado Hijo. ¡¡Increíble!!

Dios siente una pasión mucho más profunda por mí que la que yo siento por él. Aun cuando mis pasiones estén ardiendo y brillando para él, ni se aproximan a la intensidad de su amor por mí. He aquí una manera en la que me di cuenta de que esto es verdad. La intensidad de mi amor es muy limitada porque solo puedo pensar en una cosa a la vez. De modo que al trabajar o realizar las tareas del día, los pensamientos conscientes de la realidad de Dios desaparecen totalmente de mi mente. Ella retornará al Señor unas horas más tarde, pero, durante ciertos períodos de tiempo, ni siquiera estoy pensando en él. *Pero él nunca deja de pensar en mí.* Sus ojos nunca dejan de mirarme, y su mente está incesantemente enfocada en quién soy y en lo que él me está convirtiendo. Cuando me acuerdo de él, el testimonio inmediato del Espíritu es: «He estado aquí todo el tiempo, esperándote. ¡Tanto te amo!».

¡Él espera que usted llegue a él, durante toda la noche, cuidándolo, aguardando que usted se levante, con la esperanza de ser su primer pensamiento de la mañana. No tiene que preocuparse si él quiere que usted venga al lugar secreto. Él ha estado esperando por usted, y seguirá haciéndolo todo lo que sea necesario, porque Su corazón está ligado a su vida.

Que pueda tener gracia de lo alto para realmente apropiarse de la realidad de este poderoso secreto: ¡Dios lo encuentra atractivo! «¡Señor, que nunca más evite tu abrazo!».

Parte III

ESTABLECIENDO UN RITMO DE MARATÓN

SECRETOS DEL LUGAR SECRETO

En la sección II, consideramos algunos consejos prácticos para lograr lo mejor del lugar secreto. Ahora, preguntémonos cómo podemos preparar nuestros corazones para hacer un compromiso de por vida con el lugar secreto. No queremos solamente una ráfaga de energía fresca, que se disipe en unas semanas. Queremos la determinación de buscar a Dios en el lugar secreto cada día de nuestras vidas, hasta ser llamados al hogar.

28

El secreto de la desesperación

Por muchos años fui muy disciplinado en mi vida devocional, determinado a pasar un tiempo diario en la palabra y la oración. Yo leía la Biblia completa en una traducción diferente cada año. Adoraba al Señor con cantos y oraba por una larga lista de personas. Sin embargo, nunca descubrí los sublimes gozos del lugar secreto, hasta que el Señor me llevó a un viaje no planificado. Permitió que me golpeara una calamidad que me traumatizó. Mi vida derrapó fuera de control y mi supervivencia (espiritual) estaba en juego. Frenéticamente, comencé a abrirme camino hacia el corazón de Dios, leyendo detenidamente la Biblia, de tapa a tapa, para comprender Sus sendas. Parecía que estaba luchando por el aire, como alguien que se ahoga. Para hacerlo simple, estaba desesperado. Estaba en una búsqueda desesperada de Dios a la que el lugar secreto comenzó a hacer florecer para mí como una flor en el desierto. ¿Qué hizo la diferencia en mi experiencia? En una palabra, fue la *desesperación*. Ella lo hará una persona diferente. Un hombre que se ahoga tiene una sola cosa en su mente: cómo conseguir aire. Ninguna otra cosa importa para él. Las prioridades de la vida se vuelven simples. La mujer con la hemorragia de Marcos 5:25 deseaba abrirse camino a través de la multitud porque la única cosa importante era tocar a Jesús. La desesperación produce una visión de túnel. Cuando Dios espantó a la armada asiria de la ciudad de Samaria, los israelitas en Samaria estaban tan desesperados de hambre durante el sitio que pisotearon hasta matarlo al oficial, en la puerta, en su apuro por la comida. (Ver 2 Reyes 6-7).

Cuando está desesperado por Dios, su búsqueda de él toma un cariz diferente. Cuando la que está en juego es la supervivencia personal, usted comienza a buscar a Jesús de otra manera. Adquiere una mirada que a los demás les parece un poco loca. Está dispuesto a ir a cualquier lado o a hacer cualquier cosa. Ningún precio es demasiado alto. Mira a las demás personas y piensa: «Lo amo, lo respeto, pienso que es una persona muy agradable, pero si no se quita de mi camino voy a pasarlo por arriba. ¡Porque yo *debo* tocar a Jesús!».

Las fuentes banales de entretenimiento, tales como la televisión y las películas, deben irse. Las invitaciones a las fiestas se desdeñan. Los demás comienzan a alejarse porque no es tan divertido como solía serlo. Pero, para usted, es irrelevante, porque está desesperado por Dios. Ahora no importa nada más, excepto que tocar el borde del manto de Jesús. Las personas desesperadas no luchan con las mismas distracciones y estorbos que el común de la gente. Alguien desesperado nunca dirá: «He luchado para hallar tiempo para el lugar secreto». O: «Me distraigo fácilmente por las obligaciones de cada día». Esas pobres distracciones nunca podrían estorbar a alguien que está desesperado. Los estorbos normales de la vida ni siquiera apartan a un desesperado, porque la intensidad de su búsqueda tiene un solo enfoque.

Cuando comienza a buscar a Dios con esta clase de desesperación, poderosos vientos espirituales empiezan a soplar alrededor de su vida. ¡Está entrando en una tormenta! Las cosas comienzan a cambiar dentro de usted a un ritmo sin precedentes. La actividad angelical (tanto de buenos como malos) que rodea su vida se vuelve intensa, aun cuando usted puede no darse cuenta de ello. Usted está llamando la atención del cielo y del infierno. Los temas que hirvieron a fuego lento por muchos años llegan a su punto crítico, clamando por una solución. Usted se encuentra rodeado por el recelo y el reproche. Dios lo tiene en su clase acelerada, y la velocidad del cambio y de la transición que cerca su vida es vertiginosa.

¿Y qué sucede en su interior? ¡Está resucitando a la palabra de Dios! Su palabra lo está alimentando y sustentando. Revelaciones nuevas lo están electrocutando y transportando. La cercanía de Su presencia comienza a intoxicarlo. La revelación de Su amor está redefiniendo su relación con él. La comprensión de Su corazón y de sus propósitos le está dando una perspectiva totalmente nueva sobre el reino de Dios. ¡Se está volviendo adicto a las glorias del lugar secreto!

Alguien que lea estas palabras ahora mismo estará pensando: «Señor, ¿cómo alcanzo lo que Bob dice aquí mismo?». Solo puedo hablar desde mi experiencia personal. No había nada que pudiera hacer para alcanzar esta desesperación. Necesitaba la intervención de Dios, para hacerme un desesperado. Clamé a él, y él me respondió. Todo comenzó y terminó en el corazón de Dios. «(...) pues Dios es quien produce en ustedes tanto el querer como el hacer para que se cumpla su buena voluntad» (Filipenses 2:13).

Lo estoy invitando a orar una oración loca, una oración peligrosa. «¡Señor, hazme un desesperado por Ti!». Si usted clama a él desde lo profundo de su corazón, lo escuchará. Él sabe exactamente dónde se encuentra, cuánto puede soportar, y puede forjar una respuesta para esa oración que producirá un clamor más desesperado en su alma. ¡Él sabe cómo darnos hambre!

No debe temer las consecuencias de esta oración de santa consagración. «El perfecto amor hecha fuera el temor». El perfecto amor sabe que cualquier cosa proveniente de la mano de Dios es para nuestro bien y bienestar, de manera que el perfecto amor no teme nada que Dios le pueda dar con el fin de obtener una devoción y consagración mayor de nosotros. Deje que él lo perfeccione en su amor para que usted pueda abrir sus brazos y abrazar Su buena, aceptable y perfecta voluntad.

Cuando entramos en una temporada de desastre, nuestra primera respuesta es clamar por alivio. Sin embargo, Dios no trae un alivio inmediato porque él destina a la angustia para que produzca desesperación en nosotros. Esta verdad me recuerda sobre un reciente diálogo con un amiga, Cindy Nelson. Cindy sufrió en su cuerpo por muchos años, pero luego fue sanada soberanamente. Está intensamente agradecida a Dios por su sanidad y ahora ministra a personas que viven en un dolor crónico. No obstante, sus observaciones sobre la vida secreta con Dios desde su sanidad fueron muy intrigantes para mí. Me ha dado permiso para reproducir el correo electrónico exactamente como lo escribió al enviarlo:

«Hace poco, me di cuenta de que perdí la desesperación con la que solía buscar a Dios, antes de que me sanara. Recuerdo cómo dependía en cada palabra, de cada aliento de Dios para sostenerme. Asaltaba las puertas del cielo para escuchar de él. Para escuchar esperanza, fortaleza, paz, algo que pudiera asegurarme de Su presencia y poder seguir adelante. Mi necesidad era tan grande y me daba cuenta de que solo él podía suplirla. Aún sigo sabiendo esto, pero me he vuelto menos dependiente de él. Recientemente, me tuve que arrepentir. No quiero necesariamente otra tragedia en mi vida que me lleve a esa desesperación (yo, ciertamente, lo sé bien). Pero sé que los tiempos difíciles revelan la dependencia que tenemos de Dios. En algunos aspectos, pienso que mis momentos de silencio con Dios eran más ricos comparados con los actuales. Es diferente. "Menos intensos" es realmente la única manera en que puedo describirlos».

He leído las historias de creyentes que fueron prisioneros por muchos años por causa de su fe, quienes, después de ser liberados, lamentaban la pérdida de la amistad con Dios que una vez tuvieron, mientras estaban en prisión. El Señor estaba tan cerca, allá; y ahora, en su libertad, todo era diferente. Extrañaban la vieja fraternidad tanto que ¡algunos deseaban volver a prisión! *Aunque ninguno de nosotros le pedimos a Dios privaciones, no podemos negar el hecho que ellas producen desesperación, que, a su tiempo, trae una intensa intimidad.*

No estoy diciendo que las carencias son el único camino a la desesperación. Dios tiene muchas maneras de responder nuestras oraciones. Lo que digo es que uno de los más grandes secretos para destrabar la vida interior con Dios es a través de la desesperación. El sabio buscará a Dios con un deseo desesperado. Aquí es donde se encuentra el camino de la vida.

29

El secreto de recoger el maná

C uando usted está desesperado por Dios, se vuelve dependiente del poderoso sustento diario de Su palabra. La fuente de su supervivencia es su maná cotidiano, alimentándose de la palabra de Dios. Sabemos que el maná del desierto era bueno solo por un día; si se guardaba para el próximo, se pudría (Éxodo 16:12-31). También, es verdad que el alimento de ayer, en la Palabra, nunca nos sustentará hoy. Una de las funciones primarias del lugar secreto es ser alimentado, cada día, con una palabra fresca.

Proverbios 16:26 dice: «Al que trabaja, el hambre lo obliga a trabajar, pues su propio apetito lo estimula». Es nuestro apetito por la Palabra de Dios lo que nos lleva al lugar secreto, y recibimos fuerzas para trabajar en ella. La falta de esta hambre es un pecado peligroso. Cuando alguien está enfermo, el primer síntoma de la afección suele ser la pérdida del apetito. Aquellos que pierden su apetito espiritual necesitan un examen médico, hablando espiritualmente. ¿Hay un pecado canceroso destrozando su vitalidad espiritual? Lo que es verdad en lo natural también lo es en lo espiritual. Tomando un montón de agua (el Espíritu Santo), descansando mucho (dejando nuestros esfuerzos), ejercitándonos en la palabra, evitando la comida chatarra (terribles sustitutos), nuestro apetito espiritual puede ser restaurado. *El apetito espiritual es absolutamente esencial para la salud espiritual porque sin él no estaremos motivados para alimentarnos con el maná de la palabra de Dios.*

Es de vital importancia que cada uno de nosotros aprenda cómo recoger el maná por sí mismo. Aquellos que ven el culto del domingo por la mañana como la fuente de su nutrición, con certeza, serán esqueletos espirituales. Dios nunca intentó que vivamos de la vida secreta de nuestro pastor; él quiere que descubramos la vivaz emoción de alimentarnos, diariamente, con Su palabra.

Una vez que aprende a sustentarse solo en la Palabra, ya no se molestará porque el sermón del domingo no es aplicable a su vida. Ya no estará más esperando que aquel sea su fuente de alimento y de vida. Si algo en él lo nutre, lo calcula como un adicional. Ya no depende más de otros para que le den la leche, porque ahora está cortando su propia carne.

Muchos americanos han depositado mal sus expectativas en lo que representa la iglesia los domingos por la mañana. Están esperando que sea un lugar donde son enseñados en la Palabra, de donde salen satisfechos, y un sitio para que sus hijos aprendan y se fortalezcan. Pero suelen esperar de la reunión de los domingos por la mañana lo que Dios intenta que ellos obtengan en el lugar secreto y en el altar familiar. (Por «altar familiar» me refiero a los padres, sentados diariamente con sus hijos, para enseñarles la Palabra y orar juntos, de acuerdo con el mandamiento de las Escrituras). Cuando ponemos sobre la reunión del domingo por la mañana en la iglesia mayores expectativas de las que puede soportar, nos podemos volver fácilmente críticos o aun cínicos, sobre el cuerpo de Cristo (una enfermedad que puede ser terminal y que es muy infecciosa, especialmente, con nuestros niños).

No es difícil aprender cómo recoger maná. Solo salga y empiece a trabajar. Levante su Biblia, y comience a trabajar en ella. Al principio se sentirá torpe, pero siga perseverando. Cuanto más trabaje en la palabra, más adepto se volverá a juntar la porción diaria que dejará satisfecha su alma. Aprenderá a juntar con sólo salir al campo y hacerlo.

Al perseverar, descubrirá que el Señor designó el lugar secreto para satisfacer su corazón, al menos, de tres maneras:

Alimentándose en la Palabra

Del piadoso se dice: «sino que en la ley del Señor se deleita, y día y noche medita en ella. Es como el árbol plantado a la orilla de un río que, cuando llega su tiempo, da fruto y sus hojas jamás se marchitan. ¡Todo cuanto hace prospera!» (Salmo 1:2-3). Al meditar y alimentarnos en la palabra de Dios, somos como los árboles que producen frutos, porque tenemos nutrientes que fluyen dentro de nosotros.

Bebiendo en el Espíritu

Jesús dijo: «pero el que beba del agua que yo le daré no volverá a tener sed jamás, sino que dentro de él esa agua se convertirá en un manantial del que brotará vida eterna» (Juan 4:14). El Espíritu Santo es como el agua que nos ayuda a tragar el maná de la palabra. Alimentarse de la palabra siempre se debe complementar bebiendo del Espíritu.

Cultivando una relación de conocimiento con Dios

Hebreos 8:11 cita el Antiguo Testamento: «Ya nadie enseñará a su prójimo, ni nadie enseñará a su hermano ni le dirá: "¡Conoce al Señor!"». Dios quiere llevarlo a un lugar secreto donde pueda ejercitar su conexión personal con él y conocerlo, con total independencia de las demás personas. Él quiere que desarrolle su historia personal y secreta de comunión con él y que lo conozca. Ningún hombre está para enseñarle cómo encontrar esta relación de conocimiento con Dios; el Espíritu Santo mismo será su maestro. Todo lo que debe hacer es cerrar su puerta.

¡Oh, qué asombrosas profundidades de la comunión que podemos hallar en el lugar secreto, sin mencionar las delicias que ingerimos de comida espiritual! Cuando encontramos de manera apropiada estas cosas en el lugar secreto y guiamos a nuestra familia en ellas, entonces la reunión del domingo a la mañana puede cumplir su papel en nuestras vidas: un lugar en el que Dios es glorificado y también ministrado, en que podemos animarnos y ayudarnos el uno al otro, donde la visión de nuestro cuerpo colectivo es articulado y se edifica nuestra unidad, un lugar para la oración del cuerpo, donde el joven y el débil son fortalecidos y animados, y donde los que buscan pueden venir a Cristo.

Un rápido pensamiento más. Recuerdo los días en que, como pastor, sacaba diariamente algo de material de la Palabra para un potencial sermón. Siempre estaba buscando verdades que pudieran alimentar a mi congregación. Pero entonces, el Señor me detuvo y cambió mi manera de acercarme a la Palabra. Ahora, leo la Biblia para mí. Cada día tengo tanta hambre de él que debo ser sustentado con maná fresco de su palabra. Si no lo obtengo, me irrito un poco. Por eso, ahora sólo junto el maná para mí. Pero he aquí lo que hallé: Cuando lo comparto con otros, ¡los alimenta también a ellos! De hecho, descubrí que los demás quedan mucho más satisfechos cuando lo hago. *El secreto es: Aprenda a juntar su maná. Después, tendrá algo para compartir.*

30

El secreto de resistir

Mientras nos preparamos para la maratón de la carrera cristiana, no solo debemos juntar nuestro maná diario; debemos, también, crecer en la cualidad, semejante a Cristo, de la resistencia.

Todos tenemos temporadas de desierto en Dios, cuando todo en nuestra vida espiritual está seco, polvoriento y falto de inspiración. La única manera de salir es tomar la decisión de avanzar, sin importar cuán dura se ponga la cuesta; nunca nos vamos a rendir en nuestra búsqueda de Dios. Vamos a soportar en Cristo, cueste lo que cueste. Le cuento un secreto: Esta clase de compromiso tenaz de resistir abrirá el camino a las dimensiones más significativas en las relaciones con el Señor.

Las estaciones no solo rompen la monotonía, también, son necesarias para la productividad. Nada puede vivir expuesto a la luz eterna del sol. El gozo y la felicidad constantes, sin nubes en el horizonte, produce sequía. La noche es tan importante como el día; el sol debe ser seguido de nubes y de lluvia. El sol brillando sin parar solo crea desiertos. No disfrutamos de las tormentas, pero son una parte esencial de una vida completa, y la clave para la victoria llega, encontrando cómo capear los temporales, de una manera que no nos desarraiguen de nuestra vida secreta con Dios.

Es fácil resistir en los tiempos buenos. Nuestra fortaleza se prueba cuando golpean los malos. Entonces, en la dificultad, es tentador abandonar el lugar secreto. Jesús, sin embargo, manifestó justamente la tendencia opuesta. Cuando estaba sufriendo, buscó su lugar para orar. El tiempo en Getsemaní es un gran ejemplo de esto, del cual se escribió: «Pero, como estaba angustiado, se puso a orar con más fervor» (Lucas 22:44). Cuando Jesús estaba sufriendo, oró. Cuando sufrió mucho, oró aún con más fervor. *Este era el secreto de Jesús para resistir el horror de sus sufrimientos. Se preparó, a través de la oración, para soportar el dolor.* Si respondemos adecuadamente, la angustia puede, realmente, ser una dádiva. El dolor puede proveer un ímpetu tremendo para la oración, si permitimos que nos catapulte hacia el rostro de Dios, en vez de alejarnos de él.

Pablo oraba para que los creyentes de Colosos fueran «fortalecidos en todo sentido con su glorioso poder. Así, perseverarán con paciencia en toda situación, dando gracias con alegría» (Colosenses 1:11). Uno de los grandes desafíos, en los momentos de apuros, es sufrir largo tiempo *con alegría.* ¡No es posible con las fuerzas humanas! Esta es la razón por la que Pablo oró, para que pudieran ser «fortalecidos en todo sentido con su glorioso poder», porque se requiere ese poder de Dios para regocijarse a través de los largos momentos de sufrimiento. Estar gozoso en el dolor es una cualidad divina, por que Dios mismo es «perseverante y paciente con alegría». Piense en cuánto padece Dios mientras lleva la carga del sufrimiento del mundo, ¡y por cuánto tiempo ha resistido! Y aún cuando Su sufrimiento es más fuerte de lo que cualquiera de nosotros podemos imaginar, él también está lleno de gran gozo. Sólo Dios puede sufrir tanto con semejante gozo.

Cuando somos llamados a resistir con alegría, es imperativo que hallemos el solaz del lugar secreto. Allí es donde somos «fortalecidos en todo sentido con su glorioso poder», para que podamos sufrir por más tiempo. Dicho de manera simple, la resistencia divina es imposible, si no recibe una buena nutrición de la vida secreta de Dios.

Las desgracias pueden ser recibidas con gozo, en mi opinión, solo cuando comprendemos el propósito que Dios tiene con el sufrimiento. «Hermanos míos, considérense muy dichosos cuando tengan que enfrentarse con diversas pruebas, pues ya *saben* que la prueba de su fe produce constancia» (Santiago 1:2-3). La única manera de estar gozoso en las pruebas es a través del «saber», sabiendo los propósitos que Dios tiene con el sufrimiento. ¿Cómo aprendemos los propósitos de Dios en nuestros sufrimientos? La búsqueda secreta de Dios en su palabra es lo que nos revelará los propósitos. A medida que comprobamos cómo llevó a los santos de la Biblia a través de sus penalidades, comenzamos a ver Su corazón para conducirnos a través de la misma clase de victorias gloriosas. Lo que le permitió a Pablo resistir el «aguijón en la carne» era el propósito de Dios para él, desplegado a través del aguijón. Una vez que Pablo vio el propósito, él podía cooperar con la gracia de Dios. Y acuñó un término fascinante: «la paciencia (...) de las Escrituras». Se encuentra en Romanos 15:4: «todo lo que se escribió en el pasado se escribió para enseñarnos, a fin de que, alentados por las Escrituras, perseveremos en mantener nuestra esperanza.» La palabra original para «paciencia» (griego, *hupomone*) significa «constancia, perseverancia, continuación, aguante, firmeza, paciente resistencia». Las Escrituras son mi fuente de constancia. Toda vez que vuelvo a ellas, soy renovado en mi postura de esperar sólo en Dios. No solamente me ayudan a aguantar y me permiten resistir; sino que el testimonio de los propósitos y caminos de Dios es consistente desde Génesis hasta el Apocalipsis. Cuando veo el patrón inquebrantable de la Escritura, en el que Dios finalmente revela Su salvación a aquellos que resisten, me fortalezco en la esperanza. La Biblia habla de la paciencia de los santos con tanta frecuencia ¡que de las mismas Escrituras se dice que son pacientes! A aquellos que buscan, la Biblia les manda comprender el camino que Dios les ha trazado. «La sabiduría del prudente es discernir sus caminos» (Proverbios 14:8). Es en el santuario de Su presencia en el que obtenemos el entendimiento de los enigmas de la vida (Salmo 73:17). *El santuario de su abrazo es donde Dios revela sus propósitos, que, a su tiempo, nos da poder para resistir las penurias con gozo, porque sabemos que él está obrando para que todo ayude a bien (Romanos 8:28).*

Uno de los simbolismos espirituales para este proceso es la perla. Una perla se forma dentro de una ostra que ha experimentado la desgracia de que una partícula extraña de arena se incrustara dentro de su corteza. La perla representa el valor eterno del cambio que Dios obra dentro de nosotros en el lugar de las penurias. No hay ninguna otra cosa que nos transforme tan fácil y profundamente como la devoción al lugar secreto, en medio de la agotadora prueba.

Cuanto más permanezca la irritación dentro de la ostra, más valiosa la perla se vuelve. De esta manera, el valor formativo de la tribulación, a veces, es directamente proporcional a la duración del crisol. Cuanto más larga la angustia, más valiosa la perla. Es la confianza en esta realidad la que nos da poder para perseverar con gozo. Cuando resistimos en amor a través de las penas, calificamos para entrar por las puertas de perlas de «los tesoros perfeccionados en la adversidad», que es la única forma de llegar a la ciudad eterna.

El apóstol Juan provee un ejemplo apasionante de la recompensa de resistir en el lugar secreto, aun, frente a las penurias. En su senectud, Juan fue exilado a «la isla de Patmos por causa de la palabra de Dios y del testimonio de Jesús» (Apocalipsis 1:9). No hay duda de que, con sus noventa años, luchó con los rigores de una isla que era una prisión. Sufrió en su cuerpo, sintió el remordimiento de la soledad, e inevitablemente percibió que estaba terminando sus días en una inutilidad sin sentido. Simplemente, encontrarse en esa isla no era su idea de un gran final para su carrera. Sin embargo: «En el día del Señor vino sobre mí el Espíritu» (Apocalipsis 1:10). En otras palabras, estaba enfrentando sus penurias de manera activa al consagrarse a su lugar secreto de amorosa relación con su Amado.

¿Cuál fue la respuesta de Dios a la resistencia y paciencia de Juan? Dios lo honró al concederle un revelación sin parangón de la belleza y gloria de Cristo Jesús (me estoy refiriendo al libro de Apocalipsis). Era como si Dios dijera: «Honro a aquellos que me dan su amor en el lugar secreto al perseverar en el fuego de la prueba y el sufrimiento. Los recompenso dándoles poder para ver la luz del conocimiento de la gloria de mi majestad que se encuentra en la faz de mi maravilloso Hijo».

¡Nunca se rinda! Hoy puede ser el día en que él recompense su devoción con una revelación sublime de la gloria eternal del Hombre, ¡Cristo Jesús, nuestro Señor! A través del poder del Espíritu de Dios, toda prueba puede ser resistida con gozo por la extravagancia de semejante recompensa.

31

El secreto del confinamiento

Así como Juan en la isla de Patmos, algunos santos se encuentran, en estas horas, en lugares restringidos, y están luchando con todas las trampas emocionales que atañen al confinamiento y las prisiones. Sentimientos tales como la desesperanza, el sentirse inútil, la desesperación, el abandono, el rechazo, el reproche, la falta de comprensión, la soledad, la vulnerabilidad, etc. Con semejante multitud de emociones asaltando el equilibrio de los cautivos, es difícil mantener una confianza firme en el simple secreto de este capítulo: *Cuando está en un confinamiento, Dios está más cerca de lo que usted cree.*

El Señor le asegura al alma afligida: «estaré con él en momentos de angustia» (Salmo 91:15). Cuando ha estado en problemas por las circunstancias que sacuden y presionan su alma, ¡tenga por seguro que el Señor está más cerca que nunca!

David le dijo al Señor: «Hizo de las tinieblas su escondite» (Salmo 18:11). Cuando se apagan las luces del entendimiento y usted queda en tinieblas emocionales, está realmente recibiendo una invitación al lugar secreto de Dios. Es en las tinieblas donde Dios se encuentra en secreto con Sus escogidos.

La prisión del Señor se suele caracterizar por el aislamiento social y la soledad. Los amigos se alejan, las relaciones que otrora le ministraban vida y gracia se distancian o se enojan. Su posibilidad de funcionar se ve grandemente reducida, y no encuentra gozo en los pocos movimientos que sus cadenas le conceden. Este confinamiento, sin embargo, ha sido orquestado por su Amante. Su Esposo celestial lo atraerá hacia el desierto (como en Oseas 2), él lo consolará con Su presencia y renovará sus sentimientos por su bondad y por su gloria. Es este sitio de dolor, soledad y desorientación, el que el Señor designa para encender una profunda relación de amor, como nunca antes ha conocido. Antes, estaba demasiado ocupado para encontrarla o para que le importara. Ahora, está tan decidido a comprender la naturaleza de Su mano en su vida que presiona a Dios con desamparo y desesperación.

En su bondad, él ha secado todas las demás fuentes que nutrieron su alma, para poder convertirse en el único manantial para usted, en la quietud de su celda. Es aquí donde aprenderá a conocer la realidad del Salmo 87:7: «En ti se hallan todas mis fuentes». En vez de recibir fuerza de los proyectos, ahora estará fortalecido por una Persona. Comience con él, y en él tendrá su fundamento para el éxito.

David habló de la intimidad de la prisión: «Tu protección me envuelve por completo;

me cubres con la palma de tu mano. Conocimiento tan maravilloso rebasa mi comprensión; tan sublime es que no puedo entenderlo» (Salmo 139:5-6). Al estar cercado por detrás, David no podía detenerse ni huir porque lo arreaban hacia delante. Estando rodeado, no podía apurarse ni huir, sino solo avanzar al ritmo que el soberano Señor había fijado para él. Entonces, estaba bajo la poderosa mano de Dios, lo que significa que no podía moverse ni a la derecha ni a la izquierda. Era un hombre sin opciones. ¿Y su evaluación de este lugar que lo restringe, limita y lo dirige como un arreo? David podría haber estado tentado a ver esto como una gran restricción o control, ¡en cambio, lo menciona como un conocimiento tan maravilloso que rebasa su comprensión! La Sulamita los describe de esta manera: «¡Ojalá pudiera mi cabeza reposar sobre su izquierda! ¡Ojalá su derecha me abrazara!» (Cantar de los Cantares 8:3). Ella veía las restricciones como la amorosa contención de Sus brazos. *En lugar de centrarse en la inmovilidad, el prisionero se enfoca en la gloriosa intimidad de estar firme en las manos del Señor. ¡En realidad, el confinamiento es un don!*

No solo la prisión es un lugar de intensa intimidad, *sino también, es el lugar donde se imparte la revelación.* Jesús dijo: «Lo que les digo en la oscuridad, díganlo ustedes a plena luz» (Mateo 10:27). En el lugar de tinieblas, ¡Dios le está diciendo más de lo que usted comprende! Mientras él puede no estar hablando sobre lo que usted quiere que él le diga, él está deseando darle los pensamientos e intenciones de Su corazón. Si usted escucha y presta atención en la oscuridad, un día usted hablará a la luz lo que él susurró a su corazón.

¿Está en alguna clase de prisión? ¡Solo déle su amor! Las Escrituras dicen: «En todo tiempo ama el amigo» (Proverbios 17:17). Aun cuando el Señor es misterioso en cuanto a Sus caminos, Sus amigos aún lo aman. Y en la quietud de su amor, una nueva profundidad de intimidad se cultiva y establece en el corazón, la que llevará de por vida. Usted aprenderá que «Más confiable es el amigo que hiere» (Proverbios 27:6), porque él lo ama lo suficiente para herirlo, con el fin de atraerlo hacia una relación mayor con él.

He aquí uno de los secretos de las tinieblas: *Él pone en prisión a aquellos que ama para poder despertarlos en el lugar secreto, para madurar los cariños nupciales.* No desprecie sus cadenas, porque lo ligan al corazón de Aquel que usted anhela. Usted es prisionero del Señor.

32

El secreto de esperar

El lugar secreto es una máquina del tiempo, que nos transporta desde el nuestro al de Dios. Aquí entramos en lo eternal y comenzamos a ver toda la vida desde la perspectiva de Aquel Sin edad, quien no tiene principio ni fin de días. Desde esta posición ventajosa, esperar en Dios asume un matiz totalmente diferente.

Cuanto más se acerca a Dios, más se da cuenta de que él no está apurado. En los cielos no hay un frenesí de urgencias, solo un propósito calculado. «El que confíe no andará desorientado» (Isaías 28:16). Aquellos que entran a la zona del tiempo de Dios no permitirán que las cuestiones de urgencia los presionen para actuar demasiado rápido y se adelanten a Dios.

¡Señor, ayúdame a escribir sobre el poderoso secreto de esperar en ti!

Muchos de nosotros nos acercamos a nuestro lugar secreto con una lista de actividades y la «controlamos» mentalmente, una vez que está completa:

–Confesión de pecados
–Adoración, alabanza, agradecimiento
–Lectura bíblica
–Meditación
–Intercesión
–Registro

Entonces, una vez completado todo en nuestra lista, nuestro tiempo en el lugar secreto se terminó. Pero, ¿ha terminado realmente? Hay otro elemento para ser incluido: esperar en Dios.

Una de las mejores descripciones de esperar en Dios se encuentra en el Salmo 123:2: «Como dirigen los esclavos la mirada hacia la mano de su amo, como dirige la esclava la mirada hacia la mano de su ama, así dirigimos la mirada al Señor nuestro Dios, hasta que nos muestre compasión». Esperar en Dios es mirar fijamente Sus manos. Lo hacemos por dos razones básicas: para servirle y ministrarle en cualquier forma que Su mano nos señale y para esperar hasta que él la mueva en nuestro beneficio. Esperar en Dios no es mirar la televisión hasta que Dios decide moverse; esperar en Dios es mirarlo atentamente hasta que tenga misericordia de nosotros. Y, hasta que él actúe, solo esperamos en él y lo amamos. Lo diré de este modo: Mientras espera por Dios, espere en Dios.

Alguien dijo cierta vez: «Deberíamos buscar su rostro y no Su mano». Estoy en desacuerdo. Buscamos su rostro y su mano. Buscamos la intimidad de Su faz, pero, también, el poder de Su mano. No es una u otra, sino ambas, una y otra. Anhelamos tanto la manifestación de Su poder que lo miramos con embelezada atención, hasta que él se mueva para nuestro bienestar.

Esperar en Dios puede ser una de las más difíciles disciplinas espirituales y, tal vez, la razón por la que tan pocos la practican. Sólo sentarse en su presencia y mirar... Puede ser agonizante para nosotros, que nos acostumbramos a estar bombardeados por datos y estímulos. Nos falta mayor atención para esperar en Dios. Pero él sabe eso; por tanto, en Su bondad, designa escenarios que nos ayudarán a aprender cómo esperar en él. *Una vez que insistimos y cruzamos el umbral del aburrimiento, abrimos las alegrías y las aventuras de esperar en Dios.*

Para esperar en Dios de manera satisfactoria, debemos llegar a tener una mayor realización estando con él, que trabajando para él. Cuando estar con él nos satisface por completo, podemos esperar todo lo que sea necesario, tanto como dura el tiempo que él se queda con nosotros. Esta es la razón por la que Jesús pudo esperar para ministrar hasta que cumplió treinta. Se sentía totalmente satisfecho con su relación con el Padre, por eso estaba dispuesto a esperar, aun cuando se hallaba listo para el ministerio mucho antes de esa edad. Pienso que Jesús podía fácilmente esperar hasta que tuviera noventa, para empezar su ministerio, porque la presencia y el cariño de Su Padre lo satisfacían por completo.

Algunas de las más grandes promesas de las Escrituras son ofrecidas a aquellos que esperan en Dios.

«Fuera de ti, desde tiempos antiguos, nadie ha escuchado ni percibido, ni ojo alguno ha visto a un Dios que, como tú, actúe en favor de quienes en él confían» (Isaías 64:4).

«Por eso el SEÑOR los espera, para tenerles piedad; por eso se levanta para mostrarles compasión. Porque el SEÑOR es un Dios de justicia. ¡Dichosos todos los que en él esperan!» (Isaías 30:18).

En relación al último versículo, he escuchado cierta enseñanza: «¡Usted está esperando en Dios, pero Dios está esperando por usted!». Mientras que esto puede ser verdad en determinadas circunstancias, no lo es en Isaías 30:18. Cuando dice «el Señor los espera», no quiere decir que Dios espera que usted haga algo; significa que él está demorando estratégicamente Su milagrosa visitación porque tiene cosas más grandes reservadas para usted, que aún ni siquiera ha pedido. Pero, para darle la plenitud de lo que él ha planeado para su vida, utilizará la época de espera para prepararlo como su vaso y, también, para preparar las circunstancias alrededor de su vida para que usted pueda avanzar a la esfera apropiada cuando Su liberación llegue a su vida. Él está esperando para poder coronarlo con una bendición aún mayor.

Hoy en día muchos abrazan un idioma común: «Es una locura seguir haciendo lo que has hecho siempre y esperar resultados diferentes». Mientras esta declaración puede ser verdad en algunas actividades, no lo es cuando se trata de esperar en Dios. Este hecho es tan poderoso que el enemigo hará de todo, en su poder, para disuadirlo de que mantenga su atención. Le dirá que usted está loco de seguir esperando en Dios en el medio de sus agobiantes circunstancias. Le dirá que esperar en Dios no cambia nada. Pero aquellos que conocen los caminos de Dios están conscientes del testimonio de José: ¡Aun cuando usted pueda esperar en Dios por muchos años, vendrá un día cuando Dios cambiará todo en un momento!

Uno de los incentivos más grandes para esperar en Dios se encuentra en el Salmo 104:4, «Haces... de las llamas de fuego tus servidores». La palabra original para «servidores» (en hebreo, sharat) se refiere a alguien que espera, sirve, ministra, atiende. De manera que la referencia íntima de sharat es a los que sirven inmediatamente al rey. *Y esto es lo que Dios hace con sus ministros que esperan en él; ¡los vuelve llamas de fuego! Los enciende con las pasiones de su corazón y los inflama con el celo por Su rostro y por su reino.*

El ardiente celo de Dios nos da poder par esperar en él. Algunos de los ángeles más poderosos de Dios, que arden de celo por él, son descriptos en el libro de Apocalipsis como parados en sus puestos, donde han estado esperando por siglos, hasta que el tiempo en que las señales de Dios se liberen (Apocalipsis 8:2; 19:17). Están inflamados con celo, de manera que pueden esperar. Dios está poniéndolo en llamas con Sus encendidas pasiones en esta hora, para que usted pueda esperar en santa pasión y en ardiente éxtasis.

Tome en su corazón el consejo del rey David, quien, después de años de probar esta verdad en su propia vida, dejó un legado de sabiduría para que sigan todos los hombres. Recíbalo de una persona que sabía: «Aguarda a Jehová; esfuérzate, y aliéntese tu corazón; sí, espera a Jehová» (Salmo 27:14; RV 1960).

33

El secreto de las lágrimas

Uno de los más grandes regalos que puede usted traer a su Rey es el de la absoluta sinceridad. Estoy hablando sobre una pureza de corazón que dice: «Señor, vengo a ti porque eres realmente el centro de mi universo. Tú eres, en verdad, la única razón por la que vivo. Mi corazón está total y íntegramente puesto en ti». Nada sobrepasa el placer de poder cantar canciones de total consagración, en completo abandono.

Los sentimientos de sinceridad se desactivan rápidamente cuando permitimos que la carne profane nuestra conciencia. Ningún placer mundano es digno de hacerlo. Los sentimientos de culpa se levantan cuando nos sentimos hipócritas delante de Dios, cuando desdeñamos sus propuestas para poder gratificar los deseos de la carne. ¡Qué delicia, cuando podemos venir con osadía delante de Su trono con una limpia conciencia! Aun cuando todavía no somos perfectos y aun cuando luchamos con las debilidades, nuestros corazones intentan alcanzarlo con un deseo apasionado.

Yo llamo a esto «dulce sinceridad». Ella ha establecido la cuestión de una vez por todas: Jesús verdaderamente es el gran amor de mi corazón. Y es «dulce», porque cuando usted sabe que es totalmente sincero al venir a Dios, siente la dulzura recíproca de Su amor. «El amor debe ser sincero» (Romanos 12:9). Personalmente, he encontrado mi conciencia de su presencia más fortalecida, cuando he tenido un gran anhelo de corazón por él.

Cuando mi alma lo desea con dulce sinceridad, aun con lágrimas, mi conciencia de Sus cariños por mí aumenta.

El verdadero amor debe funcionar en total franqueza, desprovisto de duplicidad o de pasiones adulteradas. Por eso debemos encontrar esas medidas que evoquen nuestro sentido de la dulce sinceridad delante del Señor. Ahora, aquí está la belleza de esto: Cuando el amor es sin hipocresía, la dulzura de esta sinceridad suele ser acompañada de lágrimas. De los siete salmos que se refieren a ellas, tres son atribuidos a la pluma de David. El hombre que tenía una vida secreta con Dios, absolutamente sincera, era un hombre de lágrimas. David clamó: «no cierres tus oídos a mi llanto» (Salmo 39:12), como si sus lágrimas elogiaran su sinceridad ante Dios. Claramente, ellas no son solo para las mujeres. Otro salmista expresó la franqueza de su llanto, al señalar: «Mis lágrimas son mi pan de día y de noche, mientras me echan en cara a todas horas: "¿Dónde está tu Dios?"» (Salmo 42:3).

Hay algo puro y sin fingimiento sobre las lágrimas. Yo supongo que es posible, en un sentido técnico, simularlas (como aprenden los actores), pero seamos sinceros sobre esto: Nadie puede hacer esto al orar. Cuando estamos en el lugar secreto, las lágrimas son sinceras o no existen.

Por tanto, su presencia es una declaración profunda para su novio que se ha marchado. Las lágrimas son palabras líquidas. Dicen más que las que podemos pronunciar. Mientras que estas, a veces, pueden disimular actitudes artificiales, las lágrimas vienen directamente del corazón.

¿Ha conocido las lágrimas? Está bendecido. ¿Le cuesta encontrarlas? Entonces, pídalas. Es una petición que él cumplirá amablemente.

Lloramos porque deseamos o porque estamos sufriendo; de manera que las lágrimas son el lenguaje del anhelo. Lo ansiamos, aun con lágrimas. Si nos falta ese deseo, él, en su misericordia, lo cultivará dentro de nosotros, al aparentar alejarse. Es la hambruna la que nos da apetito; es la sequía que nos da sed. Las privaciones producen deseo.

No menosprecie el dolor que le provoca lágrimas. Derrame su corazón delante de él; ¡Dios es nuestro refugio! Aquellos que «aman mucho» aun lavan los pies del Señor con sus lágrimas (ver Lucas 7:36-48).

El llanto y las lágrimas siempre han llamado la atención del Señor. David comprendió esto cuando escribió: «pon mis lágrimas en tu frasco» (Salmo 56:8). No solo el Señor conoce nuestras lágrimas, él realmente las embotella y guarda como testigos eternos delante de Su presencia.

Hay dos clases de enfermedades en la Biblia que producen lágrimas. La primera es mencionada en Proverbios 13:12: «La esperanza frustrada aflige al corazón». Cuando la esperanza de la liberación de Dios es frustrada, el corazón se enferma. Esta congoja produce un gemir desde las profundidades del espíritu y se expresa en lágrimas. Estas son las lágrimas del quebrantado de corazón, y no son menospreciadas por Dios. La congoja del corazón clama: «¡Oh, Dios, visítame! ¡Ven a mí con tu poder y cumple tu palabra en mi vida!».

La otra enfermedad que produce lágrimas está en el Cantar de los Cantares 5:8: «Yo les ruego, mujeres de Jerusalén, que, si encuentran a mi amado, ¡le digan que estoy enferma de amor!». La aflicción del corazón es consecuencia de que nuestro Señor retrae su auto revelación; se revela a sí mismo de manera borrosa, como a través de un velo o de un vidrio oscuro. Cuando el corazón es despertado a la belleza del Rey y los ojos desean contemplarlo, pero él se revela a sí mismo solo en parte, el santo se enferma de amor. El afligido de amor clama: «¡Muéstrame tu gloria, Señor! ¡Quiero verte, quiero conocerte!».

La congoja del corazón es el producto del poder no correspondido; la enfermedad de amor es la consecuencia del amor no correspondido. David unió ambas pasiones cuando, durante sus años de exilio en el desierto, clamó: «Te he visto en el santuario y he contemplado *tu poder y tu gloria*» (Salmo 63:2). La congoja del corazón llora: «¡Muéstrame tu mano!». La enfermedad del amor llora: «¡Muéstrame tu rostro!».

Me contaron la historia de un joven que estaba buscando una respuesta espiritual en determinada área de su vida, pero había agotado todo lo que sabía hacer para obtenerla. Le escribió, buscando consejo, al General William Booth (fundador del Ejército de Salvación). Él le respondió, escribiéndole tres simples palabras: «Pruebe las lágrimas».

William Booth había aprendido el secreto. La cámara interior de la oración obtiene su ímpetu del poder líquido de las lágrimas. ¿Anhela una mayor realidad en su caminar con Dios? Pruebe las lágrimas.

34
El secreto de la santidad

«¿Quién puede subir al monte del Señor? ¿Quién puede estar en su lugar santo? Sólo el de manos limpias y corazón puro, el que no adora ídolos vanos ni jura por dioses falsos» (Salmo 24:3-4).

«¿Quién, Señor, puede habitar en tu santuario? ¿Quién puede vivir en tu santo monte?
Sólo el de conducta intachable, que practica la justicia y de corazón dice la verdad» (Salmo 15:1-2).

Nada se compara con el privilegio por excelencia de estar delante del trono de Dios. Es el más grande de todos los honores y uno de los mejores deleites. Los demonios envidian el favor que usted tiene con Dios, y los ángeles miran boquiabiertos, con asombro, el status que usted tiene delante de la presencia de Dios. ¡Y todo, porque ha abrazado Su llamado a la santidad! Ha purificado su corazón, limpiado sus manos, rociado su conciencia con Su sangre, y se ha preparado con las ropas blancas de sus obras de rectitud.

El Señor ha dicho: «sólo estarán a mi servicio los de conducta intachable» (Salmo 101:6). Esto no se refiere a una perfección sin pecado, sino, más bien, a un estilo de vida intachable que no está sujeto a reproche o crítica de aquellos que viven cerca de usted. La recompensa de esta consagración es la estimulante intimidad de estar continuamente en Su presencia. Esta búsqueda de la santidad no es una carga, sino un profundo privilegio, pues ella es uno de los secretos silenciosos del reino, una pureza de corazón que abre el camino a las más grandes alturas de la comunión con Dios.

La santidad no es una cualidad inherente que llevamos en nosotros; es una cualidad derivada que adquirimos. Tiene relación con la proximidad al trono. Los serafines son llamados «los santos» no, por lo que ellos son, sino por el lugar *donde* están. ¡Ellos son «los santos» porque viven en la presencia inmediata del Santo! Yo soy santo solo en la medida en que habite en Su santa presencia.

Solía definir la santidad más por lo que no hacemos, pero ahora lo hago por lo que hacemos. Ella se encuentra en acercarse a la llama santa de la Trinidad. Allí, cualquier impureza es quemada como rastrojo, y todo lo que es santo se quema y se enciende más.

«El Señor es sol» (Salmo 84:11). Como mi Sol, el Señor es mi luz, mi calor; Aquel, alrededor del cual, mi vida gira, y él produce fruto en mi jardín. Su Espíritu riega mi vida, Su palabra la alimenta y Su rostro es el poder que produce el crecimiento aquel; como un planeta gira alrededor del sol, quiero que mi vida gire alrededor de Cristo. Quiero ser un planeta, no, un cometa que pasa cada trescientos años, solo para regresar a la oscuridad. Y no quiero ser Plutón, colgando en el borde más lejano. Quiero estar cerca, ardiendo con el mismo fuego santo que irradia Su rostro.

Para comprender la santidad, necesitamos, primero, ver que al Espíritu, en la Biblia, se lo llama «Espíritu Santo». Desde el mismo comienzo, la tercera persona de la Trinidad fue llamada «el Espíritu de Dios» (Génesis 1:2). Nunca fue revelado como el Espíritu Santo hasta un infortunado incidente en la vida de un hombre notable. David estaba muy ungido por el Espíritu, y como un salmista profético, vivía en Su dimensión. (Él escribió tanto el Salmo 24 como el 15, citados al comenzar este capítulo). Pero tuvo una dura caída en el pecado. Cometió adulterio con la esposa de su vecino y después lo mató. Apretado por el temor, lanzó entonces una gran campaña para ocultar su delito. Pero durante esa época de negación, algo terrible le sucedió: el Espíritu de Dios se alejó de su vida. Estaba acostumbrado a tener canciones del Espíritu fluyendo de su interior, pero esto se detuvo. Su vida de oración se volvió común y vacía. Sabía que algo estaba muy mal. Entonces, llegó Natán, el profeta, que deliberadamente le descubrió su pecado. Cuando él se arrepintió, comprendió que había perdido la presencia del Espíritu de Dios que había sido tan precioso y tanto había hecho en su vida. Anhelando un regreso a la intimidad original con Dios, David rogó: «No me alejes de tu presencia ni me quites tu santo Espíritu» (Salmo 51:11). Este era el clamor desesperado de un hombre que aprendió de su experiencia personal que el Espíritu de Dios, sobre todo, es santo. Él habita solo con aquellos cuyo corazón están inclinados hacia la santidad. Los hombres santos viven en la presencia del Espíritu Santo. Una vez que usted conoce esta intimidad, ¡comprende que nada vale lo suficiente como para perderla!

La santidad es mucho más que simplemente vivir con pureza. Es vivir delante del trono de Dios. La Escritura dice de Juan el Bautista que «Herodes temía a Juan y lo protegía, pues sabía que era un hombre justo y santo» (Marcos 6:20). Juan no era solamente justo (limpio). Era mucho más que eso; era santo también. Estaba apartado para Dios, llevando la presencia de Dios, un hombre de una vida celestial en la tierra. Juan vivió en la presencia de Dios, que es la razón por la que Jesús lo llamó «una lámpara encendida y brillante» (Juan 5:35). Los hombres justos y los santos hacen temer a los reyes. No son solamente puros; también arden con la llama que emana de sus vidas porque habitan alrededor del trono.

La santidad es a la oración como el fuego a la gasolina. Cuando una persona santa ora, cosas explosivas suceden. *No seguimos la santidad por causa del poder, sino del amor. Pero aquellos que siguen la santidad por amor a Jesús se vuelven muy influyentes en las cortes del cielo.* Santiago 5:16 relaciona la santidad con la oración: «La oración del justo es poderosa y eficaz». Las cosas en la tierra cambian cuando un hombre santo, con una vida secreta cultivada en Dios, ora con pasión e insistencia al Señor, a quien han llegado a conocer y amar. Dios está tan comprometido a llevarnos a esta santidad que está dispuesto a «hacer lo que sea» para meternos en ella. La Biblia señala que el principal propósito de Dios al corregirnos en nuestra vida es, ante todo, «a fin de que participemos de su santidad» (Hebreos 12:10). Si hemos de responder adecuadamente a Sus disciplinas, inevitablemente, ellas nos guiarán por el camino del arrepentimiento hacia la verdadera santidad. Cuando llega la corrección, al principio se siente como si Dios estuviera tratando de matarnos. Pero, si vamos a perseverar en el amor, a la crucifixión y a la tumba ¡le sigue la resurrección!

Quiero cerrar este capítulo con esta poderosa verdad: *La santidad produce resurrección.* Tan cierto como que la corrección produce debilidad y quebrantamiento, la santidad produce resurrección, liberación y sanidad.

Dice que el Señor Jesús: «según el Espíritu de santidad fue designado con poder Hijo de Dios por la resurrección. Él es Jesucristo nuestro Señor» (Romanos 1:4). En otras palabras, era la santidad de Cristo lo que precipitó su resurrección. Esta verdad fue profetizada por David: «No dejarás que mi vida termine en el sepulcro; no permitirás que sufra corrupción tu siervo fiel» (Salmo 16:10). Ese versículo se aplica inicialmente a David, que fue corregido por Dios, casi hasta casi la muerte, pero luego fue resucitado por causa de su santidad. Pero, EN realidad, es el Espíritu Santo hablando de Cristo Jesús, que no vio corrupción. El cuerpo de Jesús experimentó el rigor mortis, pero, nunca, corrupción, porque él se levantó antes que la descomposición comenzara.

Esto fue verdad sobre David y sobre Cristo, ¡y también lo es sobre usted! Usted no puede mantener la santidad, enterrado para siempre. Aun, si se siente muerto y oprimido bajo el peso de la mano de Dios disciplinándolo, consagre su vida a Su santa presencia. A pesar de sus sueños destrozados y de sus esperanzas postergadas, viva en el lugar secreto del Altísimo. Es el secreto de su redención. *Al amarlo desde su tumba, usted está comenzando a poner en movimiento poderosas fuerzas espirituales.* José estaba enterrado en prisión, pero, por causa de su santidad, no pudieron dejarlo allí para siempre. Cuanto más trata de mantener a un hombre santo hundido, más fuerzas deben ser ejercidas para mantenerlo allí; y cuanta más fuerza es ejercida para ello, más sublime será su resurrección, finalmente. Mantengan a José enterrado por largo tiempo, y se levantará a lo más alto del palacio.

La tumba podía retener al Santo, solo hasta el comienzo del tercer día. El control de la muerte cedió el paso, y la Santidad ascendió hasta el lugar sublime:

> *«Por eso Dios lo exaltó hasta lo sumo y le otorgó el nombre que está sobre todo nombre, para que ante el nombre de Jesús se doble toda rodilla en el cielo y en la tierra y debajo de la tierra, y toda lengua confiese que Jesucristo es el Señor, para gloria de Dios Padre» (Filipenses 2:9-11).*

¡Practiquen la santidad de Su presencia, oh, santos fatigados! ¡Es inevitable, la santidad se levantará nuevamente!

35

El secreto de comprar oro

«Por eso te aconsejo que de mí compres oro refinado por el fuego, para que te hagas rico» (Apocalipsis 3:18).

Qué es este oro que lo enriquece? Es el oro que produce auténticamente el carácter divino; *es la semejanza de Cristo.* Todos queremos ser conformados más y más a la imagen de Jesús, pero no hay una manera fácil de hacerlo. El carácter divino no se nos da; lo compramos. Lo compramos sin plata terrenal, pero, sí, a un gran precio.

Para sacarle misticismo a este asunto, déjeme describir con mucha claridad el proceso por el cual compramos «oro refinado por el fuego». Primero, viene el fuego; me estoy refiriendo a la tribulación, la aflicción, el dolor, la calamidad o la persecución. En los últimos días, se viene una gran escalada de fuego. Usted no tiene que preguntarse o imaginarse si está o no en el fuego. Cuando este golpee su vida, ¡lo sabrá! Perderá el control, sus niveles de dolor estarán por los cielos, y su desesperación por Dios se intensificará. Su carne querrá colapsar y rendirse, pero como su espíritu está vivo a las bellezas de Cristo, el fuego será usado por Dios para guiarlo hasta la faz de Cristo, como nunca antes. ¡En vez de rendirse, correrá más rápido! Su fuente primaria de santidad, en el medio del fuego, será su lugar secreto, donde el Espíritu aliviará su alma torturada y la Palabra sostendrá su esperanza y su fe.

153

Mientras se mete en la Palabra, estando en el fuego, ella comenzará a leer su correspondencia. Lo encontrará. Va a tirar una plomada en su vida, y usted empezará a ver áreas de su corazón y de su alma que no estaban alineadas con los caminos y la voluntad de Dios. Al ver esas cosas, estará tan desesperado por Dios que, contento y diligente hará negocios con él, arrepintiéndose y considerando seriamente como cambiar y adoptar nuevos parámetros de pensamiento, conducta y motivación. Al abrazar las modificaciones que el Espíritu de Dios inspira dentro de usted, está realmente pareciéndose más a Jesús. O, para decirlo de otra forma, está comprando oro refinado en fuego.

Se dice que «compramos» este oro porque el precio es elevado. El precio es la resistencia. Si seguimos insistiendo en Dios, en el lugar secreto, cuando nuestras piernas se quejan de que no pueden dar un paso más y nuestros pulmones están gritando para que bajemos el ritmo, entonces compraremos este oro. Seremos transformados a la imagen de Cristo, en medio del fuego. En el proceso vamos a perder cosas, pero lo que ganemos será tan precioso que consideraremos todo lo perdido como basura (Filipenses 3:8).

Cuando está en el fuego, es importante cómo se acerca a la Palabra. Antes de que el fuego impactara en mí, lo hacía para encontrar buen forraje para alimentar al rebaño que estaba pastoreando; después, me acerqué para alimentarme a mí mismo.

Santiago 1:22-25 compara la palabra de Dios con un espejo. Estamos usándola bien, cuando acudimos a ella y le permitimos que nos refleje las cosas que necesitamos ver y cambiar en nosotros. La Biblia nunca tuvo la intención de que lleguemos a ella para referirnos a un tercero. *Fue escrita para que escudriñemos en ella por nosotros mismos, para ver los valores de Cristo reflejados en nosotros y para abrazar el poder transformador del Espíritu.*

El fuego tiene una manera de hacerlo a usted un hacedor de la Palabra y no tan solo un oidor. Usted se vuelve un desesperado por un mensaje de parte de Dios que, cuando llega, se aferra a él como a la misma fuente de vida. Cuando el fuego lo golpea, su preocupación no es si su vecino está mirando en el espejo de la Palabra y después se olvida; su preocupación, en primer lugar, es que usted mire en la Palabra y no se olvide. Pero, luego, algo asombroso sucede. Cuando comparte con otros cómo ella reflejó sus propios defectos y como se convirtió en un hacedor de la Palabra en el medio del fuego, su testimonio tendrá un profundo efecto sobre sus oidores: Serán alimentados por él de lo que a usted lo alimentó.

El lugar secreto es la única manera en que sobrevivirá al fuego. Y la clave es que la Palabra de Dios que fluye dentro de usted no solo le permitirá sobrevivir, sino que le dará poder para vencer y para comprar los tesoros eternos. El lugar secreto es el ATM de Dios, el lugar donde usted obtiene acceso a las arcas del cielo. Dios tiene una gran comprensión sobre este pequeño y poderoso secreto, por eso él es lo suficientemente misericordioso para mandar el fuego en respuesta a sus oraciones. Si usted va a clamar a él desde lo profundo de su ser, él mandará exactamente la clase de fuego que necesita en ese momento de su vida, que hará que se apresure hacia el espejo de Su palabra para que pueda comenzar a comprar el oro de «carácter refinado».

Tan solo su diligencia para leer cuidadosamente este libro está haciendo algo en usted. Está siendo llenado con esperanza y fortalecido con un propósito renovado. Está obteniendo nuevas fuerzas para buscar a Dios. Sus cansadas rodillas y débiles manos están ganando energía, y está adquiriendo un nuevo ritmo en su búsqueda de Dios. ¡Lo está logrando! ¡Usted está entrando en el lugar secreto!

36

El secreto de buscar su mirada

«El Señor está en su santo templo, en los cielos tiene el Señor su trono y atentamente observa al ser humano; con sus propios ojos lo examina. El Señor examina a justos y a malvados, y aborrece a los que aman la violencia. Hará llover sobre los malvados ardientes brasas y candente azufre; ¡un viento abrasador será su suerte! Justo es el Señor, y ama la justicia; por eso los íntegros contemplarán su rostro» (Salmo 11:4-7).

Dios examina a la humanidad con intensa atención. Él, por nosotros y sobre nosotros, nos cuida con intensidad. Estudia nuestras respuestas y pesa nuestras actitudes. Está vitalmente preocupado sobre nuestro bienestar y comprometido a juzgarnos con justicia por cada palabra y obra.

No podemos hacer nada para evitar su mirada; sin embargo, es posible provocarlo, aún, a una mayor atención sobre nuestras vidas. ¿Por qué querríamos hacer semejante cosa? Simplemente, porque Su mirada es un reflejo de Su favor. Cuando, en el pasaje antes citado, dice: «los íntegros contemplarán su rostro», usted puede reemplazar la palabra «rostro» por «favor» (Ver Salmo 44:3). Él mira con favor al justo. *Para ponerlo de otra forma, si usted Le resulta agradable, él lo mira.* El Señor nos ha dicho: «Yo estimo a los pobres y contritos de espíritu, a los que tiemblan ante mi palabra» (Isaías 66:2). Cuando leo estas palabras, mi corazón se conmueve dentro de mí: «Ese soy yo, Señor; soy pobre y contrito, y tiemblo a tu palabra. ¡Oh, que pudieras mirarme de esta manera!».

Dios está en una búsqueda santa. «El Señor recorre con su mirada toda la tierra y está listo para ayudar a quienes le son fieles» (2 Crónicas 16:9). Dios está buscando el corazón perfecto y leal, y cuando lo encuentra, Sus ojos cesan en la búsqueda y se posan con gran fascinación y emoción sobre aquel que Le ama tan devotamente. Aquellos que están bajo tan intenso escrutinio ganan gran favor del Señor. Él derrama porciones abundantes de misericordia, fe, gracia, compasión, revelación, sabiduría, poder y liberación sobre aquellos cuyo corazón es leal a él.

Los creyentes sabios, aquellos que han llegado a valorar los verdaderos tesoros del reino, anhelarán esta clase de atención. Se ponen de pie, mueven sus brazos y gritan: «¡Aquí, Señor, estoy por aquí! ¡Ven, Señor, y posa tu mirada sobre mí!». Recluirse en el lugar secreto es como pintar un ojo de buey sobre uno. Está haciendo una declaración al cielo: «Señor, aquí estoy. Ten misericordia de mí y visítame. ¡Levanta la luz de tu rostro y mírame, oh, Señor!».

Ahora, aquí está la parte difícil: con Su favor, viene Su fuego. Cuando él lo mira para bien, lo hace con ojos de fuego. Su mirada ardiente no puede dejar de examinarlo. El fuego de Dios da calidez y pasión al corazón, pero es, también, calculadamente volátil y peligrosamente apasionado. Cuando el fuego de Dios explota en su vida, puede quedarse tranquilo porque, seguramente, él está muy cerca, mirándolo; observándolo con sus ojos entornados, buscándolo con sus párpados, probando todas sus reacciones. Lo está probando, para ver si su corazón permanecerá leal a él a través del escrutinio. Si usted persevera, dispone mostrarse con intensidad, para su bienestar (2 Crónicas 16:9).

El santo que está buscando esto de Dios puede parecer un poco ambivalente. Al principio, clama: «Examíname, oh, Dios, y sondea mi corazón; ponme a prueba y sondea mis pensamientos» (Salmo 139:23). Después, el fuego de Dios impacta: ¡whooooooossh! Rápidamente, el santo cambió de sintonía, y su oración suena más como la de Job:

¿Qué es el hombre, que le das tanta importancia, que tanta atención le concedes, que cada mañana lo examinas y a toda hora lo pones a prueba? Aparta de mí la mirada; ¡déjame, al menos, tragar saliva! Si he pecado, ¿en qué te afecta, vigilante de los mortales? ¿Por qué te ensañas conmigo? ¿Acaso te soy una carga?» (Job 7:17-20).

Deseamos su mirada; pero, después, cuando la tenemos, ¡no la queremos más! «¿No apartarás tu mirada de mí, y me dejarás solo hasta que trague mi saliva?». El Señor es paciente con nosotros; nos da tiempo para procesar y ajustar. Luego, el santo, lentamente, comienza a darse cuenta de que la alternativa vale la pena.

¡Oh, el horror de que Dios quite Sus ojos de nosotros! Fue una horrible declaración de juicio cuando Dios dijo: «Les voy a dar la espalda» (Deuteronomio 32:20). ¡Señor, ni siquiera podemos imaginar semejante oscuridad! ¡No, Señor, no te apartes de nosotros! Aun cuando esto signifique el fuego de Tus ojos, míranos para bien. Nuestros corazones están volviendo a nuestra primera oración, en la que realmente expresábamos nuestro sentir. ¡Míranos, visítanos, ven a nosotros, oh, fuego consumidor!

¡He tenido una meditación tan grata al considerar la intensa concentración de la atención de Dios sobre nosotros! Está más enfocado en mí, aun cuando soy uno entre billones, de lo que jamás podré ser capaz de estarlo yo en él. Cuando mi mente se aleja de un enfoque consciente sobre el Señor, y estoy distraído por los asuntos de la vida diaria, al volver en mis pensamientos a Cristo llega esta asombrosa comprensión: ¡Él estuvo siempre allí, esperando que mis pensamientos volvieran a él! Nunca está desconectado de mí, ni aun por una fracción de segundo. En el momento en que mi mente vuelve a él, su Espíritu se une inmediatamente con el mío y nuestra relación continúa, inquebrantable. Estoy sobrecogido por esta verdad: ¡Él *nunca* deja de pensar en mí! Sus pensamientos son más que la arena de la playa (Salmo 139:18), y él sabe que cada uno de ellos es para un futuro de paz y de esperanza (Jeremías 29:11). Semejante conocimiento es demasiado maravilloso para mí.

> *«Los miraré favorablemente y los haré volver a este país. Los edificaré y no los derribaré, los plantaré y no los arrancaré»* (Jeremías 24:6).

¿Qué puedo decir, Señor, de semejante bondad? Esta es mi sencilla oración: «Vuélvete a mí, y tenme compasión como haces siempre con los que aman tu nombre».

Hay un lugar de mucho amor donde, en la quietud del jardín, invocamos la mirada de nuestro Amado. (El secreto de este capítulo está metido aquí mismo). Tenemos el conocimiento, comprendemos lo que estamos diciendo, pero lo decimos de todas maneras: «¡Fija tus ojos en mí, Amado!». Un corazón con semejante resolución obtiene Su pródiga respuesta: «Cautivaste mi corazón, hermana y novia mía, con una mirada de tus ojos; con una vuelta de tu collar cautivaste mi corazón» (Cantar de los Cantares 4:9). Ojos cerrados, corazones ardiendo… esto es el lugar secreto.

37

El secreto de la cruz

El Salmo 91:1 apunta directamente a la cruz de Jesucristo: «El que habita al abrigo del Altísimo se acoge a la sombra del Todopoderoso». No puede usted estar más cerca de la sombra del Dios Todopoderoso que cuando abraza la cruz. *La sombra de la cruz es el hogar de los santos.*

La cruz es el lugar más seguro en la tierra. Allí, los vientos más violentos azotarán su alma; pero, también, disfrutará de la mayor inmunidad contra las estratagemas de Satanás. Al abrazar la cruz, está muriendo a todo mecanismo en su alma que el enemigo pueda usar en su contra. El dolor más grande produce la mayor libertad. No hay estrategia contra los santos crucificados, porque desprecian sus vidas, aun hasta la muerte.

Debemos retornar a la cruz de manera deliberada y continua. Sabemos que estamos crucificados con Cristo (Gálatas 2:20), pero nuestro ser tiene una manera extraordinaria de arrastrarse lejos de aquella e imponerse. La crucifixión del yo no es un logro, sino un proceso; morimos cada día (1 Corintios 15:31). Así como la oración del Huerto de Getsemaní preparó a Jesús para abrazar su cruz, el lugar secreto es donde reiteramos nuestro «sí» al Padre para sufrir, de acuerdo con Su voluntad.

En nuestro peregrinaje diario a ese sitio, nos envolvemos alrededor de Su cruenta cruz, contemplamos Sus heridas y, una vez más, morimos a nosotros mismos. *Aceptamos los clavos en las manos, que reducen nuestra libertad y nos rendimos ante los de nuestros pies, que nos inmovilizan y restringen nuestras opciones.* Permitimos el sufrimiento de la carne para limpiarnos del pecado (1 Pedro 4:1). Con dignidad, llevamos el honor de cumplir en ella lo que aún falta de las aflicciones de Cristo (Colosenses 1:24).

Mucha gente ve la cruz como el lugar del dolor y las prohibiciones, y eso es verdad. ¡Pero es mucho más! Es el ámbito del amor absoluto. Es el Padre, diciéndole al mundo: «¡De esta manera es cuanto te amo!». Es el Hijo, diciéndole al Padre: «¡De esta manera es cuanto te amo!». Y es la novia, diciéndole al Novio: «¡De esta manera es cuanto te amo!».

La cruz es el derramamiento de la pasión consumada. Cuando Cristo nos llama a compartir Su cruz, nos invita a la más sublime intimidad. El madero que sostiene sus manos ahora sostiene las nuestras. El clavo que ata Sus pies a la voluntad de Dios atraviesa el que empala nuestros pies a la misma voluntad. Aquí estamos, colgando, dos amantes, a los lados opuestos de una cruz; nuestros corazones casi tocándose, excepto por el madero que los separa. Este es nuestro lecho matrimonial. «Aquí, a él, le doy mi amor».

Mientras usted cuelga aquí con él, aun cuando su visión está nublada y no puede ver Su rostro, si presta atención, escuchará Su voz. Con ocho palabras, lo guiará a través de esta noche negra de su alma.

«Padre —dijo Jesús—, perdónalos, porque no saben lo que hacen» *(Lucas 23:34).*

Jesús comienza mostrándole el camino del perdón hacia aquellos que le han hecho mal. Esta será la primera gran valla que deberá cruzar, porque realmente ha sido violado. Ha sido lastimado en la casa de sus amigos (Zacarías 13:6). Pero el perdón es la única manera de avanzar en los propósitos de Dios.

«Te aseguro que hoy estarás conmigo en el paraíso» (Lucas 24:3).

Mientras su agonía esta fresca y abierta, el Señor le asegura que su nombre está escrito en el cielo, y solo por esto usted puede regocijarse. La seguridad de Su eterno compañerismo lo lleva hasta este momento.

> *«Cuando Jesús vio a su madre, y a su lado al discípulo a quien él amaba, dijo a su madre: —Mujer, ahí tienes a tu hijo. Luego dijo al discípulo: —Ahí tienes a tu madre»* (Juan 19:26-27).

A la iglesia (representada por la mujer) en realidad se le dice, por medio de Jesús, que lo mire a usted en su sufrimiento: «¡Ahí tienes a tu hijo!». Otros creyentes tendrán sobre usted pensamientos de censura, incomprensión, perplejidad y juicio. Entonces él le dirá: «Observa a tu madre, la iglesia». Este es un tiempo en que usted debe mirar a la iglesia y verla como nunca antes la había visto. Durante esa época ganará una gran sabiduría, si la mira sin ninguna raíz de amargura en su corazón. Lo que ahora vea le ayudará para servirla en los tiempos por venir.

> *«Dios mío, Dios mío, ¿por qué me has desamparado?»* (Matero 27:46).

Recién ha soportado las tres horas de silencio de Jesús en la cruz, en la oscuridad. Ahora, Jesús lo dirige en esta oración de desamparo. Usted se encuentra clamando a Dios desde lo más sincero de su alma. Le pregunta todos los «porqués». Aun cuando sabe que él está tan cerca de usted, parece que lo hubiera abandonado. La más sublime intimidad se mezcla con el más profundo desamparo. No comprende por qué el crisol parece interminable.

> *«Tengo sed»* (Juan 19:28).

En vez de maldecir a Dios en su tiniebla, usted tiene sed de él ¡y lo desea más que nunca! Ha atravesado la crucifixión y, al final de ella, dice: «¡Aún te deseo, Señor! ¡Eres toda mi vida!».

«Todo se ha cumplido» (Juan 19:30).

Este es el momento que ha estado esperando, en el que Jesús dice que la prueba has sido completada, terminada. La obra que Dios se proponía con la cruz está finalmente completa.

«¡Padre, en tus manos encomiendo mi espíritu!» (Lucas 23:46).

Jesús, gentilmente, lo dirige a que abandone su ser completamente en las manos de su amado Padre. *Al rendir su vida, él toma la muerte profunda que ha obrado en usted y la transforma en la vida de resurrección. ¡Usted está unido a Cristo en Su muerte, Su entierro y Su resurrección!*

Un amor sin paralelo está reservado para aquellos que comparten esta cruz con su Amado. Este es el lugar secreto. Aquí se intercambian las insondables pasiones del Dios Eternal con Sus compañeras elegidas. «Nadie tiene amor más grande que el dar la vida por sus amigos» (Juan 15:13). La cruz tiene en sí Su vida, Su muerte y Su resurrección. «En efecto, si hemos estado unidos con él en su muerte, sin duda, también estaremos unidos con él en su resurrección» (Romanos 6:5). Ellos todo lo hacen juntos. Nada puede separar a esos dos, ni la muerte, ni la vida, ni lo alto, ni lo profundo. Sus corazones están por siempre entrelazados en la historia pasional del universo. Él es de ella, y ella es de él (Cantar de los Cantares 6:3). Este es un amor pródigo, nada lo retiene, nada lo separa, porque la cruz permite la entrega total. Todo «sí» de este lugar secreto alimenta un cambio renovado de una devoción exclusiva. ¡Todo, por amor!

Acérquese al monte desolado de la crucifixión. Diga «sí» una vez más. Sienta el calambre; suspire, gima. Únase al sufrimiento de su Salvador. Beba de Su copa, hasta el final. Descubra el secreto del eterno amor, a la sombra del Todopoderoso.

Llevo, oh cruz, tu sombra
Como mi lugar de habitación.
No pido otro resplandor que
El Resplandor de tu rostro,
Satisfecha de dejar al mundo pasar
Al saber que no hay ganancia ni pérdida.
Mi pecaminoso ser, mi propia vergüenza
Mi gloria toda, en la cruz.

(Elizabeth C. Clephane, Dominio público)

38
El secreto del reposo

«Jesús les dijo: "Vengan conmigo ustedes solos a un lugar tranquilo y descansen un poco"» (Marcos 6:31).

El viaje se hace largo para todos. Cada uno de nosotros, sin excepción, necesita encontrar un lugar para apartarse y refrescarse en el lugar de reposo.

Jesús dijo que él vino a darnos descanso (Mateo 11:28); y, sin embargo, nosotros los cristianos somos de los más preocupados en este planeta. Hebreos 4 declara claramente que hay un descanso, aún, para el pueblo de Dios, pero que es posible perderlo. Está disponible, pero no, garantizado. Hay algo que debemos hacer para entrar en este reposo (Hebreos 4:11).

Aquellos que abandonan el lugar secreto siempre parecen luchar con la preocupación y las demandas. Sus vidas tienden siempre hacia una oleada de incesante actividad. Jesús planeó que en una porción del día PAREMOS. Paremos el ritmo frenético, bajemos del tiovivo y calmemos nuestros corazones en el amor de Dios.

El reposo de Dios se revela a través de una diligente búsqueda del lugar secreto. Se puede encontrar, únicamente, al cesar todos nuestros trabajos y al aprender sólo a «estar» en la presencia del Señor (Hebreos 4:10). Aquí está la fuente para rejuvenecer y revitalizar, para cobrar nuevo vigor y para renovarse.

Dios instituyó el Sabbat (un día de reposo entre siete) por varias razones, pero una de las más convincentes se encuentra en

Éxodo 31:13: «Diles lo siguiente a los israelitas: "Ustedes deberán observar mis sábados. En todas las generaciones venideras, el sábado será una señal entre ustedes y yo, para que sepan que yo, el Señor, los he consagrado para que me sirvan"». Dios estaba diciendo: «Cuando aparten un día cada semana para adorar y descansar, ustedes son una fragancia para mí, separados (santificados) de entre todos los otros pueblos de la tierra. Todos ellos trabajan duro, siete días a la semana, tratando de salir adelante y establecerse en la vida. Pero ustedes son diferentes. Ustedes tienen fe para creer que puedo bendecirlos más en seis días de trabajo de lo que los paganos puedan recoger en siete. Vuestra honra del Sabbat es una prueba para Mí de que creen en Mi provisión, y esto es una impresionante distinción que los pone aparte de los esfuerzos de los otros pueblos de la tierra. ¡Vuestro reposo en mi bondadoso amor los hace hermosos a Mis ojos!».

El Sabbat es para la semana lo que el lugar secreto es para el día. Lo que quiero decir es que, así como el Sabbat fue un día señalado de reposo en el transcurso de una laboriosa semana, el lugar secreto es un lugar señalado de reposo, en el curso de un día ocupado. Nuestro compromiso con él nos aparta (santifica) delante de Dios de los incrédulos, que no lo honran para nada durante el día. Cuando apartamos una hora para comulgar con nuestro Señor y para ser renovados en Su reposo, demostramos nuestra fe en que Dios puede darnos poder para ser más efectivos en veintitrés horas de servicio, llenos del Espíritu, que en las veinticuatro que el mundo tiene, sin estar en Su presencia.

¿Qué puede darnos más fuerzas durante un ajetreado día que detenernos y mirar la gloria de Su entronada majestad? Vean el efecto que este empleo glorioso tiene sobre las criaturas vivientes alrededor del trono, en los cielos: «Cada uno de ellos tenía seis alas y estaba cubierto de ojos, por arriba y por debajo de las alas. Y día y noche repetían sin cesar: "Santo, santo, santo es el Señor Dios Todopoderoso, el que era y que es y que ha de venir"» (Apocalipsis 4:8). ¿Cómo es que no tienen descanso? ¿Nunca se cansan? No, no se fatigan de contemplar la belleza del Señor porque están viviendo en el lugar de eterno rejuvenecimiento. En vez de fatigarse por su servicio a Dios, en realidad, reciben fortaleza y reviven por medio de él.

¡Ellos mantienen este secreto, y quiera Dios que lo aprendamos! Es la comprensión de que, pasando tiempo en Su presencia, no disminuye nuestra productividad en la vida; más bien, se convierte en la fuente de la que fluye el poder del Espíritu para ser efectivos y fructíferos. Es el único lugar de verdadero reposo.

Gracias, Señor, por proveernos una manera para rendir nuestras cargas y preocupaciones del diario vivir y para ser renovados en tu presencia. Gracias, por el privilegio de arder con intenso amor delante de la gloria de tu inefable esplendor. Gracias, por el descanso que nos da poder para completar la maratón. ¡Gracias, Señor, por el lugar secreto!

Parte IV

BUSCANDO UNA RELACIÓN MÁS PROFUNDA

S E C R E T O S   D E L   L U G A R   S E C R E T O

En la Sección III, vimos los secretos que nos darán poder para soportar hasta el final de la carrera.¡Ahora llegamos a la mejor parte de este libro! Aquí exploraremos valiosas verdades que tienen el potencial para lanzarnos a nuevas dimensiones de intimidad con Cristo Jesús.

39

El secreto de buscar las riquezas verdaderas

El Espíritu de sabiduría nos ha dado el más sublime consejo, metido silenciosamente en el libro de Proverbios:

> *«Adquiere sabiduría, adquiere inteligencia;... La sabiduría es lo primero. ¡Adquiere sabiduría! Por sobre todas las cosas, adquiere discernimiento» (Proverbios 4:5-7).*

El lugar secreto es buscado por aquellos con miras a perdurar en los tesoros espirituales. El tiempo que se pasa en cualquier otro lugar puede permitirnos ganar bienestar en el plano terrenal; pero, desde una perspectiva eterna, hay cosas que valoramos mucho más, como la sabiduría, la inteligencia y el conocimiento de Cristo. ¡Las personas inteligentes son buscadoras de Dios!

Cuando indagamos para «adquirir sabiduría», estamos buscando a Jesús mismo, porque Su persona es la sabiduría (1 Corintios 1:30). Y, también, la llenura del Espíritu Santo, porque la sabiduría es el Espíritu (Isaías 11:2). José y Daniel son ejemplos apasionantes de hombres que, a través de su búsqueda del Espíritu Santo, desplegaron una sabiduría tan notable que los grandes reyes de la tierra los incorporaron como sus consejeros (Génesis 41:38; Daniel 5:11). Descubrieron que la verdadera sabiduría debe ser valuada más que el oro y la plata.

¿Qué quiere decir ser una persona de sabiduría e inteligencia? La respuesta se encuentra en el Salmo 14:2: «Desde el cielo el Señor contempla a los mortales, para ver si hay alguien que sea sensato y busque a Dios». Las últimas dos frases de este versículo son un «paralelismo hebreo»; en otras palabras, ambas significan lo mismo. Así, «alguien que sea sensato» equivale a «alguien que busque a Dios». O sea que «sensatez» significa «buscar a Dios». Las personas sensatas buscan a Dios. Aquellos, aun con medio cerebro, dedicarán sus vidas a una búsqueda sin reparos de Dios. Quienes no lo hacen, sencillamente, no lo encuentran. Son lerdos y obtusos, hacen el ridículo (ver el versículo anterior, Salmo 14:1).

Las personas inteligentes, los buscadores de Dios, han llegado a comprender la naturaleza de los tesoros espirituales verdaderos. El sabio sabe dónde está ¡«el verdadero dinero»! Al examinar lo que Jesús llama «verdaderas riquezas», espero poder estimular su corazón para buscarlas.

Jesús habla de ellas, cuando dice: «Por eso, si ustedes no han sido honrados en el uso de las riquezas mundanas, ¿quién les confiará las verdaderas?» (Lucas 16:11). En los versículos circundantes, Jesús está llamando a Sus seguidores a un manejo responsable de los recursos financieros. Él está diciendo que, si no somos hallados fieles en nuestra gestión de las riquezas mundanas injustas, Dios no nos confiará las verdaderas. De manera que la pregunta es: ¿Qué son estas «riquezas verdaderas»? ¿Son las posiciones influyentes y la efectividad de los ministerios? ¿El encargo de supervisar las preciosas almas eternas? Estas contestaciones tienen partes de la verdad, pero no son la respuesta completa. Ella se encuentra más adelante, en el Nuevo Testamento, cuando Pablo escribe bajo la inspiración divina: «Porque Dios, que ordenó que la luz resplandeciera en las tinieblas, hizo brillar su luz en nuestro corazón para que conociéramos la gloria de Dios que resplandece en el rostro de Cristo. Pero tenemos este tesoro en vasijas de barro, para que se vea que tan sublime poder viene de Dios y no, de nosotros» (2 Corintios 4:6-7). Entonces, ¿qué es «este tesoro» al que se refiere Pablo? Es «la gloria de Dios que resplandece en el rostro de Cristo». Dicho de manera sencilla, el tesoro es el conocimiento de Cristo. Esto está afirmado en Colosenses 2:3, cuando Pablo, hablando de Cristo, escribió: «En quien están escondidos todos los tesoros de la sabiduría y del conocimiento». De modo que las «riquezas verdaderas» de Lucas 16:11 son la sabiduría y el conocimiento de Cristo.

Jesús despreciaba las riquezas del mundo. Pero ensalzaba las verdaderas riquezas eternas del conocimiento de Dios. Cuando somos fieles con el dinero injusto, somos aptos para la revelación de la belleza del glorioso Hijo de Dios, Jesucristo, el Hombre.

Las riquezas verdaderas son la sabiduría, el conocimiento y la comprensión de Dios el Padre, Dios el Hijo y Dios el Espíritu Santo. Si tenemos, al menos, una pizca de sentido en nosotros, buscaremos el conocimiento de Dios, renunciando a todo. ¡Es allí donde entra el lugar secreto! Es aquí (con la palabra abierta delante de nosotros, con los corazones enternecidos por el Espíritu y con una apetito espiritual que anhela el alimento del cielo), donde miramos dentro de las bellezas de la santidad, para poder ver al Señor más claramente y conocer sus caminos. Nuestras almas repiten el antiguo clamor de Moisés: «Pues, si realmente es así, dime qué quieres que haga. Así sabré que en verdad cuento con tu favor. Ten presente que los israelitas son tu pueblo» (Éxodo 33:13).

La bondad del Señor ha prometido: «Te daré los tesoros de las tinieblas y las riquezas guardadas en lugares secretos, para que sepas que yo soy el Señor, el Dios de Israel, que te llama por tu nombre» (Isaías 45:3). Originalmente, esta era una promesa para Ciro, que descubriría los tesoros escondidos que estaban enterrados en las pirámides de Egipto. Aplicado a nosotros, en la actualidad, esta es la garantía del Señor de que hay grandes riquezas por desenterrar en los lugares secretos del Altísimo. ¡Busque las pepitas de oro escondidas en los huecos más oscuros de la enriquecida palabra de Dios!

¡Señor, ayúdanos a valorar los tesoros escondidos en ti y concédenos el correspondiente apetito para buscarte. Danos el espíritu de sabiduría y revelación; que los ojos de nuestro entendimiento puedan ser alumbrados, para que podamos conocerte!

> *«Por eso yo (…) no he dejado de dar gracias por ustedes al recordarlos en mis oraciones. Pido que el Dios de nuestro Señor Jesucristo, el Padre glorioso, les dé el Espíritu de sabiduría y de revelación, para que lo conozcan mejor. Pido también que les sean iluminados los ojos del corazón para que sepan a qué esperanza él los ha llamado, cuál es la riqueza de su gloriosa herencia entre los santos, y cuán incomparable es la grandeza de su poder a favor de los que creemos» (Efesios 1:15-19).*

40

El secreto de contemplar a Jesús

Algunos lectores van a la Biblia para tener entendimiento o para aprender verdades y principios. Sin embargo, acudir a ella con su cabeza puede dejar a su corazón vacío. ¡Hay tantas cosas más para obtener de las Escrituras que la verdad acerca de Dios! ¡Usted puede ganarse a Dios mismo! Las riquezas verdaderas se deben encontrar al contemplar y conocer al Señor Jesucristo.

Los fariseos cometieron un error mortal en el modo de acercarse a las Escrituras. Las analizaron con el entendimiento; pero no buscaron el corazón, detrás de las verdades reveladas; y, de esa manera, llegaron a conocer el libro, pero no al Autor. A esto se refería Jesús cuando les dijo: «Ustedes estudian con diligencia las Escrituras porque piensan que en ellas hallan la vida eterna. ¡Y son ellas las que dan testimonio en mi favor! Sin embargo, ustedes no quieren venir a mí para tener esa vida» (Juan 5:39-40). Todo en la escritura les gritaba a los fariseos: «¡Vean a Jesús cuando leen, vean a Jesús!», pero se lo perdieron.

Las Escrituras siempre tuvieron la intención de dirigir nuestros corazones hacia una Persona. Pablo dijo: «el propósito de este mandamiento es el amor» (1 Timoteo 1:5 Reina Valera 1960); esto es, el propósito de todo el Antiguo Testamento era encender los corazones del pueblo de Dios por la belleza de Su rostro. Sin embargo, se quedaron colgados en el dogma y el credo, y se perdieron la relación viva con el Dios que anhelaba estar con ellos.

Las palabras de Jesús a los fariseos presentan una posibilidad escalofriante: Poder leer la Biblia ávidamente y nunca llegar a conocer a Jesús. Aun cuando hay referencias al Señor, en casi todas las páginas, es posible leer las palabras y nunca desarrollar una relación ardiente, de corazón, con él. Jesús estaba diciendo que no debíamos ir a las Escrituras para obtener conocimiento sobre un *Libro*, sino, más bien, sobre una *Persona*. La Palabra Viva desea encontrarse con nosotros en la Palabra Escrita, si nos acercamos a él en la lectura.

Este es el secreto: ¡Su lectura de la Palabra puede ser un encuentro vivo y dinámico con la persona del Señor Jesucristo! No vaya a ella sólo por rutina, para cumplir su cuota diaria de capítulos, para aprender principios espirituales o para recolectar observaciones inteligentes; ¡vaya para mirar con atención su majestad y los misterios del Amado, de Aquel que capturó nuestros corazones! Él lo espera detrás del velo, para recompensar a aquellos que lo anhelan, igual que a las fuentes de agua viva. Vaya con un clamor en su corazón, por ver y conocer al Señor. Con un pequeño suspiro de Su Espíritu, en una sola palabra de la Escritura, él puede hacer que su corazón se eleve con una fresca revelación de Su poder y gloria.

Cuando Jesús se unió a los dos discípulos en el camino de Emaús, después de su resurrección, comenzó a explicarles cómo él era el tema central de las Escrituras. Imaginen la gloria de este encuentro: ¡Jesús, revelando a Jesús al espíritu humano, desde la palabra escrita! Poco nos asombra que esos discípulos después recordaran «¿No ardía nuestro corazón mientras conversaba con nosotros en el camino y nos explicaba las Escrituras?»(Lucas 24:32). La revelación al alma sedienta de las Escrituras referidas a Cristo, a través del poder del Espíritu Santo, es lo que da un corazón ardiente. ¡Este es la gran búsqueda del lugar secreto!

Jesús reprendió a los saduceos con esta acusación: «Ustedes andan equivocados porque desconocen las Escrituras y el poder de Dios» (Mateo 22:29). Esto sugiere tres tristes posibilidades:

- Podemos conocer las Escrituras y, no, el poder de Dios.
- Podemos conocer el poder de Dios y, no, las Escrituras.
- Podemos no conocer las Escrituras ni el poder de Dios.

Mi corazón clama: «¡Quiero conocerte, Señor! ¡Quiero verte en las Escrituras. Quiero percibirte y conocer la plenitud de tu poder! ¡Manifiéstate a mí en tu palabra, oh, Mi Señor!» Es por causa de este clamor del corazón que corro hacia el lugar secreto. Lo anhelo tanto que estoy enfermo de amor, con deseos incumplidos. «¿Cuándo vendrás a mí?».

Mi experiencia ha sido que no llego a conocer mejor a Jesús en la oración. En ella, expreso mi amor en relación a la manera en que he llegado a conocerlo. Es un intercambio amoroso. *Pero si tengo que llegar a conocerlo mejor, debo acercarme a Su palabra y contemplarlo allí. Conocer más de Cristo requiere revelación, y esta suele demandar meditación en la palabra.* «Así, todos nosotros, que con el rostro descubierto reflejamos como en un espejo la gloria del Señor, somos transformados a su semejanza con más y más gloria por la acción del Señor, que es el Espíritu» (2 Corintios 3:18).

¡Oh, cómo anhelamos contemplarlo! Pienso, con una cierta especie de envidia, en las criaturas vivientes que no se dan vuelta y siempre miran hacia adelante, sin importarles dónde se dirigen (Ezequiel 1:12-17). Ya sea que vayan hacia arriba o hacia abajo, a la izquierda o a la derecha, hacia adelante o hacia atrás, sus rostros están constantemente mirando hacia adelante, ¡al trono! Tienen el privilegio glorioso de contemplar, siempre, la belleza del Rey. Señor, es así como también quiero vivir mi vida. Sin importar donde vaya y lo que haga, que mi rostro pueda estar enfocado sobre el trono y contemplando el resplandor de mi amado Señor.

Cuanto más veo a Jesús en Su palabra, más me doy cuenta de que él no se parece en nada a mí. Pero cuando lo veo en Su singularidad, esto es lo que justamente me atrae más apasionadamente a Su corazón. He descubierto que soy atraído naturalmente a aquello que no es igual a mí (como se suele decir, los opuestos se atraen). Jesús es impresionante en su singular belleza y en su incomparable majestad. ¡Y, qué privilegio tengo: vengo al lugar secreto y lo veo en las Escrituras, fascinado por siempre con la aventura de crecer en el conocimiento del Señor que murió por mí!

41

El secreto de estar de pie

Cuando usted se retira al lugar secreto, está de pie en el Espíritu, junto con todos los santos en el mar de cristal, y contemplando a Aquel que está sentado en el trono (Apocalipsis 15:2). Aun cuando sus ojos están velados para no poder verlo con el naturalmente, ¡está parado directamente delante del trono! El privilegio más sublime de toda la creación es estar parado delante del fuego vivo de la presencia de Dios y arder con santo amor por su Padre y Rey. Estar de pie en este lugar es su destino eterno, y puede gustar un poco del cielo en la tierra, cerrando la puerta y estando de pie delante de su Dios, en la hermosura de la santidad.

Sus compromisos no quieren que usted esté aquí parado; las exigencias del trabajo batallan para que no lo esté; el infierno, también, lucha en su contra. Pero sus ojos están abiertos a la belleza de la santidad, y ahora anhela estar al lado y de pie en Su presencia. Sólo estar de pie; habiendo cumplido con todo, ¡estar de pie!

Estar de pie, a pesar de la batalla; estar de pie, a pesar de la resistencia; estar de pie, a pesar de los problemas; estar de pie, a pesar de los infortunios; estar de pie, a pesar de las tentaciones; estar de pie, a pesar de los fracasos personales y derrumbes; estar de pie, a pesar del dolor; estar de pie, a pesar de la soledad; estar de pie, aun en prisiones; ¡tan sólo, estar de pie!

Estar de pie, por causa de la cruz; estar de pie, por causa del Cordero; estar de pie, por causa de Su amor; estar de pie, por causa de Su aceptación; estar de pie, por causa de Su gran poder en nosotros; estar de pie, por causa de las fuentes de aguas que fluyen de lo más profundo de nuestro ser; estar de pie, por causa de Su incomparable belleza y grandeza; estar de pie, por causa de Su eternal propósito; estar de pie, por causa de Sus misericordias eternas; estar de pie, por causa del amor; ¡tan sólo, estar de pie!

El trabajo que se describe para los levitas es aplicable, aún en la actualidad, para nosotros: «En aquel tiempo el Señor designó a la tribu de Leví para llevar el arca del pacto y estar en su presencia, y para ministrar y pronunciar bendiciones en su nombre, como hasta hoy lo hace» (Deuteronomio 10:8). *Una de nuestras responsabilidades primarias (¡y privilegio!) es estar de pie delante del Señor para ministrar.* En el lugar secreto, simplemente, estamos de pie. Ningún plan grandioso, nada de ambiciones poderosas; sin apuro para pasar al tema siguiente. Solo estamos delante de él y lo amamos.

Hay épocas en las que Dios nos llama solamente a estar de pie. Podemos preferir la adrenalina de seguir una gran causa; pero, a veces, Dios nos llama a detener toda actividad y solo permanecer de pie. Y no nos deja otra alternativa. Ocasionalmente, las circunstancias nos impiden –más allá de nuestra capacidad– llevar un curso diferente, y nos volvemos prisioneros de las cadenas que nos atan a la voluntad de Dios. Incapaces de liberarnos y pasar a lo que sigue, todo lo que podemos hacer es estar de pie y consumirnos, en santo amor, por el Rey.

Se dice comúnmente: «No estés ahí, parado, ¡haz algo!». Cuando las circunstancias, en nuestras vidas, se están yendo de control, la gran tentación, al no saber qué hacer, es hacer algo. «Dios no puede dirigir un vehículo inmóvil –dicen–, así que comienza a moverte haciendo algo, y deja que Dios dirija tu camino».

Esa puede ser la vía, en algunas situaciones, pero he hallado que el Señor ha estado obrando recientemente en mi vida de distinto modo. Él invirtió lo que se suele decir y me dijo: «No hagas algo, ¡quédate allí de pie!» Fue así: «Cuando no sabes qué hacer,

¡no hagas solamente algo! Espera en Mí, permanece de pie delante de Mí, minístrame, hasta que Yo hable. Cuando lo haga, podrás moverte, como respuesta. Pero hasta ese momento, sólo párate allí».

De la misma manera que los levitas de antaño (Deuteronomio 10:8), cargo Su presencia sobre mis hombros, permanezco en pie delante de él para ministrarle y bendigo a otros en Su nombre mientras él me fortalece; «Siempre tengo presente al Señor» (Salmo 16:8). Por tanto, estaré de pie delante de él, miraré Su belleza, y lo bendeciré mientras tenga aliento.

Para permanecer así, podemos aprender algo de los ángeles. Por ejemplo, vea a Gabriel. Cuando fue a decirle a Zacarías que sería el padre de Juan el Bautista, esa fue su segunda aparición en las Escrituras. En realidad, se lo ve tres veces en la Biblia. En la primera, se presentó a Daniel, y después, casi seiscientos años más tarde, visitó a Zacarías; y, seis meses después, a María, para anunciarle la concepción por el Espíritu Santo. Cuando dio el mensaje de Dios a Zacarías, este no creyó en sus palabras. En respuesta a su incredulidad, Gabriel se levantó para reforzar la certeza de su mensaje, declarando: «Yo soy Gabriel y estoy a las órdenes de Dios» (Lucas 1:19).

— ¿Así? ¿Entonces, qué es lo que haces, Gabriel? —podríamos preguntar.

—Estoy parado en la presencia de Dios.

—Sí, entiendo, pero ¿qué es lo que haces?

—En realidad, estoy parado en la presencia de Dios.

—Está bien, de acuerdo, Gabriel, ¡lo entendemos! Pero lo que te estamos preguntando es: ¿qué es lo que *haces*?

Gabriel hubiera dicho: «¡Eso es lo que hago! Estoy de pie en la presencia de Dios. Estoy allí, contemplando Su majestad y esplendor, ardiendo con Su llama santa, y esperando en él hasta que él hable. Si él no dice nada, sólo me quedo allí, parado. Cuando me da una palabra, entonces me muevo para cumplirla. Pero lo que hago la mayor parte del tiempo es estar parado delante de Dios y esperando en él».

Entre Daniel y Zacarías hay un período de seiscientos años, durante los cuales no escuchamos ninguna noticia de Gabriel; entre Zacarías y María, hubo en lapso de seis meses. ¡Esa fue la época de trabajo! ¿Qué hizo Gabriel entre las misiones? Sólo estuvo allí, parado. He descubierto que, a veces, Dios es poco económico. Él mira mientras usted cultiva los dones, talentos y capacidades ministeriales, hasta que se convierte en una afinada pieza para el potencial servicio. ¡Está listo para ser aprovechado! Después, toma la bien aceitada máquina del ministerio en la que usted se ha convertido, la pone dentro de un caparazón y dice: «Sólo quédate allí, parado».

Esto es lo que Dios hizo con Elías. Él tuvo esta expresión: «Vive Jehová, Dios de Israel, en cuya presencia estoy» (1 Reyes 17:1; RV 1960). Elías clamó: «Estoy de pie delante de Dios, eso es lo que hago». De manera que el Señor decidió probar su declaración, poniéndolo en arresto domiciliario durante tres años. En la casa de la viuda, durante la hambruna, no podía asomarse por la puerta porque toda nación en la tierra estaba buscándolo. Estaba atrapado en esta calurosa, sofocante, lóbrega casita. Sin amigos, sin visitar profetas, sin otras voces que lo consolaran, que le dieran otro punto de vista. ¿Y la comida? Tortas fritas para el desayuno, tortas fritas para el almuerzo, y más de lo mismo para la cena. Puedo imaginármelo pensando: «Señor, ¿cómo tienes todo este ministerio poderoso retenido en la casa de esta viuda? Quiero decir, en los últimos tres años, podría haber sacado una camada completa de graduados en la Escuela de los Profetas. ¡Podríamos haber conquistado a las naciones por la fuerza! ¡Pero no, estoy aquí parado, pudriéndome!». Pero Elías no respondió de esa manera porque Dios ya le había enseñado a estar parado delante de él. De modo que, cuando llegó el tiempo de la prueba, él podía perseverar y, simplemente, estar de pie delante de su Dios y servirlo.

Las Escrituras muestran que Dios tiene ángeles poderosos que están delante de Su presencia, en algunos casos, por cientos de años, esperando Su mandato. Con todo su poder y su fuerza,

¡Dios los tiene parados alrededor del trono, esperando por él! Si fuera una cuestión de fuerza, ¡Dios tiene toda la de los cielos que necesite! Entonces, el Espíritu Santo nos susurra: «No necesito tu fuerza». No fueron las fuerzas de su Hijo eterno lo que nos trajo redención; fue el hecho de que él fue crucificado en debilidad lo que nos trajo salvación. Dios no necesita nuestra fuerza, sino nuestra disponibilidad. El sólo nos busca para que estemos en Su presencia, lo contemplemos, lo amemos y cumplamos Su palabra cuando él habla.

¿Está usted entre tareas? ¡Entonces solamente párese delante de él, disfrútelo y deje que él disfrute de usted!

42

El secreto de la luz del cuerpo

Sabemos que Jesús vino para dar luz a nuestro espíritu, alma y entendimiento. Por favor, considere conmigo, sin embargo, la verdad de que él también vino para dar luz a nuestro cuerpo. Este es el pasaje en el que Jesús habló de ello:

> *«Nadie enciende una lámpara para luego ponerla en un lugar escondido o cubrirla con un cajón, sino para ponerla en una repisa, a fin de que los que entren tengan luz. Tus ojos son la lámpara de tu cuerpo. Si tu visión es clara, todo tu ser disfrutará de la luz; pero si está nublada, todo tu ser estará en la oscuridad. Asegúrate de que la luz que crees tener no sea oscuridad. Por tanto, si todo tu ser disfruta de la luz, sin que ninguna parte quede en la oscuridad, estarás completamente iluminado, como cuando una lámpara te alumbra con su luz»* (Lucas 11.33-36).

Jesús habló de manera fascinante sobre nuestros cuerpos, como si pudieran ser llenados tanto con luz como con oscuridad. Las implicancias de esta verdad son de vital importancia para nuestra victoria y gozo en Cristo, e intensamente relevantes para nuestro lugar secreto. Solo tengo una pequeña comprensión sobre esta verdad, así que espero en este capítulo poder abrir su apetito para que indague sobre él, más adelante.

Hay un lugar en Dios donde nuestros cuerpos están llenos de luz, donde todas las tinieblas han sido erradicadas de ellos. Este es un lugar de una increíble liberación de la tentación. La tentación suele hallar su poder en el hecho de que puede atraer áreas oscuras de nuestro cuerpo. Cuando el cuerpo está lleno de luz, los pecados carnales pierden su poder sobre nosotros, y caminamos en una dimensión fantástica de victoria. (Cuando hablo sobre pecados carnales, me estoy refiriendo a los que cometemos con nuestros cuerpos, como las borracheras, glotonerías, fornicación, masturbación, pornografía, uso de drogas ilegales, asesinato, robo, mentira, calumnias, lenguaje soez, etc.).

¿Cómo obtenemos mayor luz en nuestro cuerpo? Jesús claramente enseñó que la luz viene al cuerpo a través del ojo. Un ojo bueno traerá luz al cuerpo; uno malo mantendrá lejos la luz. Todo el tema tiene relación con los ojos.

Si llegamos al lugar secreto con un ojo sano y limpio, la luz de la palabra de Dios penetrará cada faceta de nuestras vidas, incluso de nuestros cuerpos, y estaremos llenos de luz en toda parte de nuestro ser. ¡Es de vital importancia lo que miramos! Si nos asomamos a la ley de la libertad (la Palabra de Dios), seremos llenos de claridad e iluminación; si miramos las cosas que corrompen, no solo llenamos nuestras mentes con basura, sino que también permitimos a las tinieblas que se establezcan en partes de nuestro cuerpo.

¡Cuide sus ojos, querido amado! Conságrelos a la lectura de Su palabra y a la contemplación de Su rostro. Así, cuando venga la tentación, su cuerpo no estará luchando contra el espíritu. Su cuerpo estará alineado con la luz, y los tentáculos de la lujuria, la codicia y el enojo no podrán envolverlo ni esclavizarlo.

Estaba leyendo una revista cristiana, un tiempo atrás, en la cual un lector escribía sobre sus luchas con los pensamientos. Gritaba, pidiendo auxilio, por saber cómo batallar contra la lujuria. La respuesta simplista del editor era, básicamente: «Relájate; eres demasiado riguroso contigo mismo. Hay formas saludables de disfrutar de las mujeres hermosas, sin desearlas». Estaba estupefacto. La respuesta a la ligera del editor ni siquiera le daba el mínimo equipamiento al hermano para la batalla contra su tormento interior. Cómo hubiera deseado, para este hermano, escuchar: «¡Cuida tus ojos! ¿Qué estás mirando? ¿Estás pasando el tiempo leyendo la Palabra de Dios para que tu cuerpo pueda ser lleno de luz?».

Cuando nuestro ojo es malo, podemos ir a la Biblia y, sin embargo, no ver nada. Debemos hacer más que dejar de mirar las cosas malas; debemos poner colirio en nuestros ojos para poder ver las cosas correctas: «colirio para que te lo pongas en los ojos y recobres la vista» (Apocalipsis 3:18). ¿A qué se refiere? Creo que a la aplicación de las disciplinas espirituales en nuestra vida (ayuno, oración, lectura de la Escritura, ofrendas, perdón, etc.). «El mandamiento del Señor es claro: da luz a los ojos» (Salmo 19:8). *Mientras nos entregamos a la Palabra de Dios de manera disciplinada y concentrada, nuestro ojo, lentamente, comenzará a sanar y a aclararse, y a permitir la luz de Cristo en nuestros cuerpos.*

Pero la victoria sobre el pecado no es la recompensa más grande de un cuerpo lleno de luz. ¡De mayor importancia es la intimidad que encontramos con Cristo! Cuando nuestro cuerpo está lleno de luz, ha alcanzado una alineación plena con el reino de Dios y sus propósitos. No hay nada en él que esté resistiendo Su voluntad. Esta dimensión de cooperación con los propósitos de Dios fortalece, en gran manera, nuestro sentido de la «dulce sinceridad» delante del Señor, y el alma gana gran confianza en Sus brazos. Sin impedimentos, ahora usted es un canal limpio de la gracia.

Cuando adora al Señor con un cuerpo lleno de luz, no necesita «entrar en calor» primero, para, finalmente, arrancar con Dios. No, usted está «siempre en calor»; continuamente, «con el fervor que da el Espíritu» (Romanos 12:11); está listo en el momento que sea para remontarse en el Espíritu con su Amado.

El Señor comenzó la enseñanza sobre la luz del cuerpo declarando cómo trata a aquellos cuyos cuerpos están llenos de luz. Él dijo: «Nadie enciende una lámpara para luego ponerla en un lugar escondido o cubrirla con un cajón, sino para ponerla en una repisa, a fin de que los que entren tengan luz» (Lucas 11:33). Jesús estaba diciendo que, cuando nuestro ojo es bueno y todo nuestro cuerpo está lleno de luz, comenzamos a resplandecer con un fulgor mayor de lo que podemos percibir. Estamos ardiendo con la verdad ¡como una lámpara brillante! El Señor dice que cuando te ha encendido con un fuego que tiene esa clase de luz, él no va a enterrar tu vida en un lugar de oscuridad y de ostracismo. No, él pondrá esa clase de luz en un candelero, «a fin de que los que entren tengan luz».

Cuando su cuerpo esté lleno de luz, conocerá victorias mayores sobre los pecados que lo atacan, alcanzará dimensiones más profundas de intimidad con Jesús, y se le concederá un lugar de mayor importancia en el cuerpo de Cristo. ¡Este es un poderoso secreto! ¡Ponga un guardia en sus ojos! Resérvelos para contemplar la gloria de Dios y para mirar Su maravillosa palabra. ¡Así, todo su ser resplandecerá con la luz y la gloria de Dios!

43

El secreto de tan solo amarlo

Dios entregó a su Hijo unigénito, y Jesús tuvo una muerte atroz; todo, por amor. La principal razón de este tema entre Dios y el hombre ¡es el amor! Él no murió para alistar su fuerza en su ejército; ya tenía todo el poder que necesitaba para vencer a cada adversario. No murió por usted porque estaba solo y buscaba compañía, porque él está rodeado en gloria por millones de criaturas. No murió por usted porque estaba aburrido y no tenía nada mejor que hacer. *Murió por una sola y suficiente razón: para poder manifestar la gracia de Su glorioso amor a nosotros, y, a su tiempo, llevarse el excepcional amor de su amada esposa. Todo lo hizo por amor.*

El amor es el alimento básico del lugar secreto. De modo que usted se encontrará, con frecuencia, pasando mucho de su tiempo en silencio, intercambiando afecto. Hallará más de mil maneras de decir: «Te amo», y él lo asombrará con la creatividad y energía de Sus pasiones por usted.

Empiece su día solamente amando al Señor. Sus peticiones, el estudio de la Biblia y sus intercesiones pueden esperar. Antes que cualquier otra cosa, déle su amor al Señor. Déjele saber que él es lo que motiva su corazón.

«Aquí estoy, Padre, porque te amo. ¡Eres el centro de mi universo! Santifico y reverencio tu nombre. Disfruto al estar contigo».

El Señor ha puesto sus requerimientos al fácil alcance de cualquiera de nosotros, sin importar la clase social, la edad, la personalidad, los talentos, etc. Todo lo que pide es amor. Aun el disminuido mental es capaz de amar. El amor es el gran ecualizador en el reino, que nos pone a todos en el mismo campo de juego. Ninguno tiene una ventaja sobre el otro al dar y recibir amor.

No vaya a Jesús tratando de ser intelectualmente estimulante para él. No hay nada que pueda decir que lo haga responder: «¡Guau, esa es un revelación inteligente!» Mejor, anule todo intento de ser cerebral con Jesús: Él no pretende relacionarse a ese nivel. Vaya y ámelo. Él está buscando sinceridad del corazón, una pasión visceral, una auténtica relación. No importa qué clase de estúpido pueda pensar que es, usted puede amar. ¡Y él lo ama! Él disfruta de todos nosotros por igual, cuando sólo lo amamos.

El lugar secreto es donde buscamos convertirnos en mejores amantes de Dios. Practicamos el lenguaje del amor; nos rendimos al Espíritu de amor; buscamos maneras para entregar más de nuestro corazón a él, en amor. Esto no tiene nada que ver con la personalidad. No importa cuán emocional o no emocional sea su temperamento, usted puede amar. Y tiene la posibilidad de mejorar en eso: «Señor, dame la ingenuidad de un niño que se deleita en tus simples bendiciones».

El momento en que más disfruto de mis hijos es cuando ellos se complacen en mi compañía, expresando su afecto por mí; pero, no, con palabras elaboradas o cuidadoso decoro. Aun pueden ser torpes o inseguros al expresarse. Puede ser la más simple frase o sólo un beso, sin pronunciar palabra; pero derrite mi corazón. Señor, concédeme la libertad de ser como un niño en tu presencia.

A medida que usted manifiesta su amor por el Señor, puede que, instintivamente, quiera cantarle. ¡De eso se trata el lugar secreto! *Es donde puede expresarse con su Amigo sin inhibiciones, sabiendo que él no se distrae con su tono, su vibrato o el ritmo de su métrica; Él mira directamente a su corazón y recibe su canción como si fuera el mejor solo.* Hay un vínculo intrínseco entre la música y el amor. Escuche una estación de radio y descubrirá que el noventa y cinco por ciento de las canciones del mundo tienen relación con el amor. La música y el amor van juntos. Por eso, la música y el canto son una parte natural de nuestra vida secreta con Dios. Deje que el Espíritu lo lleve en las alas de la adoración, abra las cámaras internas de su alma y cántele en el Espíritu a su Amado (Efesios 5:19). ¡Aprenda a elevarse en la canción del Señor!

Mientras Cristo habita por la fe en nuestros corazones, estamos arraigados y cimentados en amor (Efesios 3:17). Al entregar su vida para amar a su Señor, está echando raíces en el amor de Dios. Su confianza en él lo llevará a través de las tormentas de la vida. Satanás quiere voltearlo con los vientos de la adversidad, pero usted se ha arraigado y establecido en amor, al haber buscado una relación viva con Cristo, a través de la fe. Nada puede arrancarlo porque ahora se ha fundado en el amor. Aun cuando el de muchos se enfriará (Mateos 24:12), el enemigo nunca lo tocará, porque está arraigado en un amor que jamás lo dejará alejarse.

Querido amigo, ¿está arraigado en el amor del Padre? Al abrir Su palabra y al entregar su corazón al Señor, deje que él derrame sobre usted las infinitas riquezas de Su eterno amor. ¡Lo ama con un amor eterno! (Jeremías 31:3). Literalmente, él se ha entregado a sí mismo para ser uno con usted. Su amor es tan emocionante y embriagador que, cuando usted es llenado con él, las Escrituras testifican que está siendo lleno con toda la plenitud de Dios mismo (Efesios 3:16-19). ¡Qué aventura gloriosa, explorar los magníficos rincones del ilimitado amor de Cristo!

Una de las convicciones más poderosas que llevo en mi corazón es el Salmo 91:14: «Yo lo libraré, porque él se acoge a mí». He escogido poner cada día mi amor en él, sin importar las circunstancias, porque sé que, aun en las más difíciles, el Señor está obrando para bien. Cuando hago esto, en el lugar secreto, me arraigo en la confianza de que él me librará.

Recuerdo un período de cinco años de oscuridad, durante el cual sólo podía caer sobre mi rostro, delante del Señor, y decir:

«Te amo». No estaba en condiciones de hacer guerra espiritual; no podía interceder ni pelear las batallas. Todo lo que podía hacer era amar. Al mirar hacia atrás, ahora me doy cuenta de que estaba ejercitando la forma más poderosa posible de guerra: el amor, la fuerza más eficaz en el universo. *Cuando usted simplemente entrega su amor al Señor, está ingresando en la dimensión donde Dios obra en beneficio de Sus amados.* Espero que esté entrando en este asombroso secreto. ¡Sólo ame al Señor! Abra el frasco de alabastro de su corazón y derrame su ser a Sus pies, en amante adoración. Desatará las pasiones del cielo y será llevado a dimensiones nuevas de una comunión bendecida con su Amante y Amigo.

44
El secreto de ser conocido

Alguien preguntó una vez: «¿Conoce usted a Dios?» Pero hay una pregunta aún más importante: ¿lo conoce Dios a usted? La cuestión en el gran día del juicio no será si usted conoce a Dios, sino si él lo conoce a usted.

Muchos dirán que conocen a Dios en el día del juicio. Le dirán: «¡Señor, Señor, Yo te conozco! He profetizado en tu nombre, eché fuera demonios en tu nombre e hice muchas maravillas en tu nombre. Comí y bebí en tú presencia, y tú enseñaste en nuestras calles. ¡Lo juro, yo te conozco!».

Pero a algunos de ellos les responderá: «No te conozco, ni sé de dónde eres. En verdad, nunca te conocí. ¡Aléjense de mí, ustedes que practicaron la injusticia!» (Ver Mateo 7:21-23 y Lucas 13:25-27). ¡No debe de haber palabras más aterradoras para oír! ¡Qué horripilante, pensar que uno conoce a Dios, para sólo descubrir que él no lo conoce! Las cuestiones en riesgo aquí son de consecuencias eternas. No debe de haber una pregunta más importante que esta: ¿Qué debo hacer para ser conocido por Dios?

La respuesta está totalmente relacionada con mi vida secreta con Dios. *Él quiere que yo entre al lugar secreto, me siente delante de él, me saque toda fachada y máscara de fingimiento y le muestre los secretos más íntimos de mi corazón.* Desea que quite el velo de mi cara delante de él (2 Corintios 3:18) y me deje ver tal cual soy. Lo bueno, lo malo, lo desagradable, todo. Él quiere que lo ame sin retener nada de mi ser. Pretende una relación conmigo que esté basada en una total transparencia y sinceridad. Estoy cambiando más y más a la imagen de Cristo, pero durante el proceso, le permito que vea la verdad desnuda de mi fragilidad y carnalidad.

Sin embargo, alguien podría decir: «¡Yo pensé que, de todas maneras, Dios sabía todo sobre nosotros!».

Verdad, lo sabe. Pero solo porque él ve ciertas habitaciones oscuras en nuestros corazones no significa que hemos invitado a Su luz a esos cuartos oscuros. La tendencia humana es la de esconder y cubrir. Si tratamos de ocultarle nuestra verdadera condición, no solo nos engañamos a nosotros mismos, sino también, evitamos que nos conozca. Cuando él nos reconoce, quiere decir que lo hemos invitado a cada parte de nuestros pensamientos, motivaciones, deseos y acciones. Cuando lo invitamos a entrar, él derrama su gracia para darnos poder para vencer los patrones de pecado que hasta entonces parecían inconquistables.

Judas Iscariote sirve como ejemplo convincente de un hombre que estaba increíblemente cerca de Jesús, al que, sin embargo, no le permitió entrar en los secretos de su corazón. Tenía un gran problema con el robo, pero rehusaba confesarlo y sacarlo a la luz. Jesús le dio muchas oportunidades, durante un período de tres años, para destaparlo; pero Judas escogió repetidamente esconderlo, esconderlo, esconderlo. Finalmente, Satanás pudo alcanzar esa fortaleza en la vida de Judas y arrastrarlo a su destrucción. Este ilustra la terrible verdad de que es posible pasar mucho tiempo en la presencia de Jesús y no ser conocido por él.

El Señor puede manejar las confesiones de nuestras luchas presentes; pero, no, si las escondemos y pretendemos que no existen. El lugar secreto no es un lugar para secretos. Es el lugar para la sinceridad total y la completa revelación. Cuando mostramos nuestras luchas, él derrama su gracia para ayudarnos a cambiar. Esta es la manera en que le permitimos saber quiénes somos, en realidad.

Ahora viene la parte asombrosa: Cuando confesamos a él

nuestras luchas, nos colma de aceptación y aprobación. Nos dice: «Como deseas mostrarme tus fealdades internas, ¡te voy a confesar delante de Mi Padre y reclamarte como Mío!» ¡Guau! Temía que él me rechazara, si me veía como realmente soy; y resulta que me acepta. ¡Su gracia es verdaderamente asombrosa! *Su aceptación es tan increíble que me estimula a abrir, a la vista de Sus ojos amorosos, cada una de las grietas de mi corazón.* ¡Ahí es donde está la intimidad! Ella se encuentra en la mutua entrega de nosotros mismos, de manera absoluta, el uno con el otro. La cruz demuestra cuán radicalmente él se entregó a sí mismo por mí, y mi aceptación de ella es mi entrega completa de vuelta a él. No solo soy sincero con él; indago las maneras de darle aún más de mi corazón. Es la búsqueda de una mayor apertura personal que haga que mi relación con él se profundice y se enriquezca.

Alguien dijo una vez: «La oración requiere una relación en la que usted le permite a alguien distinto de usted entrar al mismísimo centro de su ser, para ver allí lo que usted dejaría en la oscuridad, y para tocar allí lo que usted dejaría sin tocar» (autor desconocido).

¿No es realmente grandioso ser conocido por él? Como escribió en su canción Bill Gaither, «¡Aquel que me conoce mejor me ama mas!». Él me conoce y él me comprende.

Una de las razones por la que encontramos semejante deleite al rendir nuestras vidas al liderazgo de Cristo es que él nunca nos malinterpreta. Todos hemos conocido la frustración de sentir o de pensar de una determinada manera sobre un asunto, que otro malinterpretó totalmente y nos juzgó en forma errónea. Eso nunca sucede con Jesús. Él siempre sabe, exactamente, qué estamos pensando y qué nos motiva. Esta es una razón por la que los doce encontraron el liderazgo de Jesús tan convincente: podía tratar las cuestiones de sus corazones con total precisión y completo entendimiento. Los conocía como un libro abierto, y Su habilidad para proveer un liderazgo compasivo en la potestad de ese saber hizo que lo quisieran para siempre. Se sentían completamente comprendidos, aun cuando estaban equivocados y eran reprendidos por eso. Jesús los conocía implícitamente y los amaba sin condiciones. ¡La bendición de ser conocido por Dios!

¿Cómo podemos ser conocidos por Dios? La respuesta más simple se nos da en 1 Corintios 8:3: «Pero el que ama a Dios es conocido por él». Cuando abrimos nuestros corazones al Señor en una entrega amorosa, él nos recibe y nos conoce. ¡Qué gozoso privilegio, tener una relación donde nos conocemos con el Dios Todopoderoso! Gracias, Jesús, por el regalo del lugar secreto, donde nos podemos dar este amor el uno al otro.

45

El secreto de la intimidad en primer lugar

Lo fundamental es lo más grande: amar a Dios con todo nuestro ser. Es el mandamiento más importante (Mateo 22:37-38), y es lo primero en nuestras vidas (Apocalipsis 2:4). La intimidad con Dios debe ser nuestra prioridad, antes que nada; aun antes que la labor para Dios. El segundo mandamiento (amar a otros, que es nuestro trabajo en la obra) «es como» el primer mandamiento, según Jesús; y, sin embargo, claramente lo llamó el «segundo» (Mateo 22:39). Ambos están muy cercanos y son difíciles de separar, pero conservan ese orden.

Es de vital importancia que mantengamos las cosas primeras, en primer lugar. Cuando nuestro amor por Dios se lleva nuestra inicial y mejor atención, entonces funcionaremos en la plenitud espiritual necesaria para ejecutar el segundo mandamiento. Cuando nuestras prioridades se invierten y ponemos más énfasis en amar a otros que a nuestro Dios, estamos dirigiéndonos a cierto agotamiento. La única manera de evitar un eventual colapso es seguir volviendo a nuestro primer amor.

El Espíritu Santo está profundamente comprometido en reubicar este primer mandamiento en el primer lugar en nuestras vidas. Debemos ser establecidos en nuestra identidad primaria delante de Dios. Es tan importante poder decir: «Este soy yo». No soy básicamente un obrero de Dios; soy, en primer lugar, un amante de Dios. El Espíritu Santo está visitando a muchos de nosotros en esta hora y volteando las mesas de nuestras prioridades y comprensiones. Su mandato es establecer nuestra identidad primaria como amantes de Dios. *Para el momento en que él termine en nuestras vidas, seremos amantes que trabajan, más que trabajadores que aman.*

El lugar secreto debe tener la prioridad máxima en nuestros calendarios y en nuestras agendas porque es el lugar donde se facilita la incubación de la intimidad. No puede cosechar intimidad, huyendo. Debe detenerse, levantar la mesa, servir el pan y la copa y cenar con él, y él con usted. Es hermoso disfrutar Su presencia, al manejar hacia el trabajo, en la mañana; pero si su viaje al trabajo es todo su lugar secreto, entonces le faltará la profundidad de la conexión, en su intimidad con Jesús. Las respuestas de Su corazón son abundantes cuando le damos nuestra mejor y más temprana energía.

Hablando desde mi experiencia personal, sé lo que es tener invertidos los dos grandes mandamientos, sin darse cuenta. Hubo un tiempo cuando el Señor me detuvo y en Su bondad me mostró cómo las prioridades de mi vida estaban desequilibradas. Él dijo: «Bob, has venido al lugar de la oración para ser llenado. No has venido a Mí porque soy el primer amor de tu corazón, sino para recargarte y poder salir y buscar el primer amor de tu vida». Lo ven, mi primer amor era el ministerio. ¡Me encantaba manejar! Quería ver las almas salvadas; quería ganar mi ciudad para Cristo; quería cambiar al mundo. Estaba más motivado por lo que hacía para Dios que por estar con él. Clamé: «En ti se hallan todos mis orígenes» (Salmo 87:7), pero, en los hechos, lo que más me sustentaba era «el apuro» de los logros del ministerio. Y no me daba cuenta de ello hasta que el Señor me lo mostró.

Cuando vi esto, entré en un acongojado dolor. Me postré delante de él y lloré: «¡Señor, perdóname, no quiero ser así. No quiero tener una relación contigo solo para ser llenado! ¡Quiero mucho más! Ser tu amante, tu novia. Que seas el amor número uno en mi vida. Que el lugar secreto sea la razón de mi vida. Quiero disfrutar al estar contigo; tanto ¡que tengan que arrancarme del lugar secreto!».

Sentí al Señor, respondiendo «Sí, hijo, sé que eso es lo que quieres. Y por eso te mostré la verdadera condición de tu corazón. Te atraeré al desierto (Oseas 2), y allí voy a despertarte a una profunda relación de amor, más allá de todo lo que hayas conocido en tus jóvenes y ajetreados años».

El Señor tiene muchos recursos para que tengamos las prioridades correctas. En mi caso, simplemente, me removió del ministerio. ¡Ah, cómo dolió! Lloré: «Señor, ¿por qué duele tanto? No has quitado tu presencia de mi vida; todo lo que has hecho es sacarme del ministerio. ¡Y estoy en un dolor incalculable! ¿Por qué duele tanto?» Fue de esta manera que el Señor me mostró cómo el ministerio se había convertido en la fuente para mi alma. Cuando lo removió, se me otorgó la oportunidad de encontrar una base completamente nueva para relacionarme con él. Comencé a aprender lo que significa ir a Dios por el solo gozo y deleite de quién es él.

Dios no remueve el ministerio de todos para poder enseñarles esta lección tan valiosa. En algunos casos, nos priva de ser llenos al realizar su obra. Seguimos con el mismo ministerio, pero ya no nos satisface. Se vuelve seco, polvoriento, sin vida y arduo. Nos encontramos espantados por lo que antes nos daba energía. Es el mismo efecto neto: el Señor está tratando de mostrarnos cómo hemos conseguido sustento de nuestra obra en el servicio, en vez de obtenerlo de los besos de Su boca.

Él nos quiere adictos al vino de Su amor (Cantar de los Cantares 1:2), ¡pero es tan fácil volverse adicto al vino del ministerio! Este puede ser fascinante. Hay un determinado «nivel» que acontece cuando la gracia de Dios fluye a través de él y ministra a la novia. Cuando su rostro se ilumina con la gloria de Dios, siente plenitud e importancia porque él honró su obediencia y bendice a otros. Más aún, usted tiene el privilegio de ver a Dios usando los dones y talentos que ha cultivado. Su respuesta interior es algo así: «¡Así es! ¡Para esto fui creado! Encontré mi lugar. Este es mi llamado y mi ministerio. Ahora sé cuál es mi lugar en el cuerpo. Servir de esta manera me da una sensación tan maravillosa que quiero hacerlo nuevamente!». No está mal disfrutar al ministrar a otros, pero ¡es tan fácil que esto se convierta en el vino que nos vuelva adictos, embriagándonos y llenándonos, y que el vino de Su amor quede en segundo plano porque hemos probado este «vino nuevo» llamado «ministerio»!

Entonces, el Señor viene a nosotros, como hizo con los de Éfeso que tenían tanto éxito en el ministerio, y dice: «Te estoy llamando de vuelta al primer amor» (ver Apocalipsis 2:4). *Él quiere que seamos personas de «una sola cosa»: la búsqueda apasionada de Su rostro.* David dijo: «Una sola cosa le pido al Señor, y es lo único que persigo: habitar en la casa del Señor todos los días de mi vida, para contemplar la hermosura del Señor y recrearme en su templo» (Salmo 27:4). David persiguió «una cosa»: el rostro de Dios; Pablo dijo: «una cosa hago », que era la búsqueda «de su llamamiento celestial en Cristo Jesús» (Filipenses 3:13-14); María de Betania descubrió: «pero sólo una es necesaria», y Jesús añadió que ella «ha escogido la mejor, y nadie se la quitará» (Lucas 10:42).Hay una sola cosa que es realmente necesaria, y esa es sentarse a los pies de Jesús y oír Sus palabras. La única cosa de David era la única cosa de Pablo y la única de María. *Es el primer mandamiento en el primer lugar, la búsqueda de una relación de amor con nuestro deslumbrante Novio.*

Todo el infierno se alineará en su contra para que no se convierta en un hombre de una sola cosa. Las circunstancias se saldrán de cauce; su lista de tareas por hacer crecerá vertiginosamente; las exigencias en su vida escalarán a lo alto. Satanás utilizará todo engaño que funcione, cualquier elemento, para que no se convierta en una persona de una sola cosa. Porque si encuentra este logro, se convertirá en un apasionado instigador para Dios, encendido con una pasión nupcial tremenda por su Señor, entonces usted será un arma peligrosa en la mano de su Dios, para hazañas extremas. Los niveles más grandes de poder del reino serán alcanzados por aquellos que están verdaderamente encendidos y llenos de potestad, por su relación personal de amor con el Señor Jesús.

Hágase esta pregunta: ¿me siento aliviado cuando mi tiempo de oración terminó? Para mí, la respuesta era: «¡Más de las veces que estoy dispuesto a admitir!». En muchas oportunidades me hallaba así, al terminar con el proceso de llenura, para poder salir y manejar la maquinaria del ministerio. Pero el Señor fue bueno conmigo y me está enseñando el secreto de amarlo en primer lugar y, que la plenitud y la sensación de éxito deriven de los afectos que él me da en el lugar secreto. Cuando soy un exitoso en Sus brazos, el ministerio puede andar bien o no; dentro de mí soy un triunfador, de todas maneras. Así, estoy estabilizado por el poder de una vida interior con Dios, en lugar de estar sacudido emocionalmente, de aquí para allá, por las vicisitudes de los altibajos del ministerio.

Terminando, vea Mateo 5:15: «Ni se enciende una lámpara para cubrirla con un cajón. Por el contrario, se pone en la repisa para que alumbre a todos los que están en la casa». El Señor quiere encenderlo con celo por el rostro de Cristo para que pueda brillar con la luz de una relación que disfruta de la intimidad en primer lugar. Si este fuego de amor es puro y brillante, el Señor lo pondrá en un candelero para que pueda dar luz a toda la casa de fe. Pero si la luz de su vida no es pura, si recibe su energía, en parte, por el vino del ministerio, entonces el Señor pondrá su luz bajo una canasta. *Algunos de los más dotados ministerios han sido colocados bajo un canasto y han sido limitados a una esfera localizada de influencia porque el Señor no estaba dispuesto a exportar la impureza de su amor a todo el cuerpo de Cristo.* Que pueda usted aprender el secreto de amar, en primer lugar, a Jesús, para que él pueda ver su lámpara puesta en un candelero y para que haga de la simplicidad y la pureza de su devoción un ejemplo para la mayoría de la casa de fe. Amén.

46

El secreto de la identidad nupcial

Un día, mientras manejaba por la autopista, a unos 75 km por hora, noté dos tórtolas paradas en la carretera delante de mí (ellas suelen ser vistas en parejas al aparearse). Pensé: «Mejor que esos pájaros salgan de la carretera, o los atropellaré».Con la certeza suficiente, fue demasiado tarde cuando comenzaron a moverse: ¡¡PAF!! Había plumas por todas partes, golpeé a las dos. Pensé: «Pájaros estúpidos. ¡Debieron moverse antes!» Mas tarde, aprendí algo sobre las aves: no tienen visión periférica. Solo pueden mirar hacia delante. ¡Las pobres tórtolas ni siquiera me vieron al acercarme! Cuando lo hicieron, fue demasiado tarde.

El Novio celestial nos compara a una paloma, cuando dice: «¡Tus ojos son dos palomas!» (Cantar de los Cantares 1:15). Para él, somos como tórtolas que no tienen visión periférica. Esto es lo que el Señor le dice a Su novia: «Tus ojos son dos palomas. Tu mirar es solo para Mí. No te distraes con otros afectos o deseos a uno y otro lado. Me contemplas solo a Mí, ¡y eso me encanta!».Usted es su novia y solo tiene ojos para Uno solo, su Amado.

He aquí, dos lugares donde la Biblia se refiere al pueblo de Dios como su novia:

> «Vi además la ciudad santa, la nueva Jerusalén, que bajaba
> del cielo, procedente de Dios, preparada como una novia her-
> mosamente vestida para su prometido» (Apocalipsis 21:2).
> «Se acercó uno de los siete ángeles que tenían las siete copas llenas
> con las últimas siete plagas. Me habló así: "Ven, que te voy a pre-
> sentar a la novia, la esposa del Cordero"» (Apocalipsis 21:9).

La imagen nupcial de una boda cósmica aparece con frecuencia, a través de toda la Biblia, comenzando con Adán y Eva y terminando con el último capítulo de la Biblia. El mensaje es muy
claro y consistente: *Somos la novia de Cristo, que se prepara para
una gran celebración de bodas en los tiempos por venir, cuando nos
unamos con enorme afecto a nuestro Novio, el Señor Jesucristo.*

Los creyentes cumplen el papel femenino en la relación, al
comulgar con el Señor. Él inicia, nosotros respondemos; Él da,
nosotros recibimos; Él gobierna, nosotros reinamos con él. Los
hombres que tienen problemas para verse como la novia deberí-
an recordar que las hermanas, entre nosotros, también deben
verse a sí mismas como hijos de Dios. La Biblia nos llama tanto
"novia" como "hijos", porque ambas imágenes señalan, de manera incompleta, la belleza de la perfección a la que somos llamados. Nos relacionamos con el Padre como hijos; nos relacionamos con el Señor Jesús como su novia.

Generalmente, las hermanas comprenden mejor el secreto de
este capítulo, aprendiendo a relacionarse con Jesús como Su
novia enamorada. Pero los hermanos pueden apropiarse de este
secreto también. Nuevas dimensiones de intimidad y de respuesta se nos abren cuando abrazamos nuestra identidad nupcial y
nos relacionamos con Jesús como nuestro Novio.

Cuando Jesús nos mira, cubiertos de vestiduras blancas de
rectitud, llenos de buenas obras, maduros en el afecto, preparándonos para el día de la boda, Su embelesado corazón se eleva con
deleite y deseos por desposar a Su virgen, a Su novia. Apenas
puede esperar hasta ese día; ¡tampoco podemos esperar nosotros!
Mientras tanto, nos cortejamos con amor, atención, palabras

afectuosas, honra y deleite. El lugar secreto es la cámara del rey (Cantar de los Cantares 1:4), el lugar donde alimentamos nuestra creciente relación de amor.

Es aquí donde él habla sobre nosotros, declarando cuán hermosos y bellos somos a Sus ojos. Respondemos abriendo a él nuestros corazones con una gran entrega, adorando los gloriosos atributos de Su belleza y de su carácter, y recibiendo el generoso afecto de Su corazón. ¡Ah, el intercambio de amor en el lugar secreto es más que glorioso! ¡Él sabe cómo capturar un corazón y retenerlo!

Jesús no murió para casarse con una «mujer amazona», una novia con un hacha de doble filo, que es tan ruda que intimida con su fuerza y su comportamiento imponente. No, él no desposó a un caballo de tiro que va a trabajar infatigablemente para cumplir sus tareas del hogar y además recoger el grano en sus campos. *Él murió por amor. Murió para casarse con una novia hermosa que caminará con él, hablará con él, soñará con él, reirá con él, planificará con él y reinará con él.*

Cuando mi novia vino caminando por el pasillo hacia mí, muchos años atrás, toda vestida de blanco, con su rostro brillante, permítame decirle que no estaba pensando. No estaba pensando: «Tiene buena dentadura. Hace buenas tortas. Cocina muy bien. Lava mi ropa. Les cambia los pañales a los niños. Mantiene la casa limpia». Esto es lo que pensaba: «¡Aquí viene mi amada!» Sí, cuando nos casamos, Marci sabía que estaría a cargo de la casa, cuidaría de los niños, cocinaría y lavaría la ropa; pero ninguna de estas razones fue el motivo para que nos casáramos. Nos casamos por amor.

Es verdad que somos soldados y estamos envueltos en los niveles más altos de la guerra estratégica y que el Señor está contando con nosotros para pelear la buena batalla de la fe. Y es verdad que somos obreros en Su viña, trabajando asiduamente en la cosecha de los campos para traer todo el trigo a Su granero. Pero Jesús no murió para ganar una armada o una fuerza de trabajo; murió por una novia. No llegamos al lugar secreto como un soldado que busca los planos de la batalla, aun cuando él revelará sus planes, al estar allí; ni tampoco llegamos como obreros buscando obtener más fuerza para las labores del día, aun cuando él nos fortalecerá para la tarea que tenemos por delante. Venimos, básicamente, como Su novia, para disfrutar Su abrazo y entregarnos a Su amor. *El lugar secreto es una celebración de nuestra más sublime identidad: ¡Su novia! Es el lugar del más íntimo intercambio amoroso.*

Al apóstol Juan se le mostró el llanto que al final de los tiempos tendrían los creyentes: «El Espíritu y la novia dicen: "¡Ven!"; y el que escuche diga: "¡Ven!" El que tenga sed, venga; y el que quiera, tome gratuitamente del agua de la vida» (Apocalipsis 22:17). Aunque se usan tropos para el pueblo de Dios, p.ej., somos Su cuerpo, Su templo, un ejército, etc. La metáfora final que usa la Biblia para revelar nuestra identidad es la de «la novia». Creo que esta es una declaración profética de que, al final de los tiempos, el pueblo de Dios tendrá una conciencia más completa de su identidad como la novia de Cristo. Mientras que toda imagen tiene sus limitaciones, la metáfora más acabada de nuestra identidad es la de la novia. ¡Jesús está volviendo por una novia consumida de amor conyugal por su amado Novio!

Sabiendo que a los novios les encanta estar juntos, permítame hacer una pregunta: ¿Alguna vez, pierde el tiempo con el Señor? Al formularla, estoy pensando en María de Betania, que derramó su herencia (un costoso frasco de aceite aromático) sobre el Señor, y a quien los discípulos le reprocharon con estas palabras: «¿Para qué este desperdicio?» (Mateo 26:8). Vieron su efusiva demostración de amor como un derroche. Pero Jesús reivindicó su sentimiento, estableciendo la verdad de que es apropiado, a veces, ser un desperdicio, para derramar nuestras vidas ante él. Una vez más: ¿alguna vez perdió tiempo con el Señor? A lo que me refiero es: después de haber leído su Biblia, después de haber adorado y alabado, después de haber presentado sus peticiones e intercedido por otros, y después de haber sido lleno y renovado en el Espíritu Santo, ¿alguna vez, se quedó un poco más de tiempo con él, sólo por causa del amor? No «necesita» pasar más tiempo en el lugar secreto para su propio bienestar, pero elige quedarse para «perder» algo de tiempo en Su presencia y por Su bienestar, porque es una novia enferma de amor, y solo desea estar con él. ¡Qué dignidad y honor que el Señor Jesús nos ha atribuido a aquellos que escogimos perder nuestras vidas y amarlo!

Muchos de nosotros vivimos con sentimiento de culpa por causa del lugar secreto porque perdemos el enfoque de nuestra identidad como la novia de Cristo.

Pasar el tiempo con él no es una obligación o un deber; es el deseo de nuestras almas. Cuando podemos hacerlo, estamos rebosantes de gozo; cuando otras tareas nos sacan de esa relación, tenemos solo una sensación de pérdida y frustración. ¡Y una expectación más profunda por el próximo encuentro! El lugar secreto no es donde realizamos nuestros deberes sagrados como creyentes, sino donde disfrutamos de la delicia de estar con Aquel a quien ama nuestra alma.

Miremos juntos cómo la novia de Cristo es descripta en su totalidad: «El ángel que hablaba conmigo llevaba una caña de oro para medir la ciudad, sus puertas y su muralla. La ciudad era cuadrada; medía lo mismo de largo que de ancho. El ángel midió la ciudad con la caña, y tenía como dos mil doscientos kilómetros: su longitud, su anchura y su altura eran iguales» (Apocalipsis 21:15-16). Este pasaje está conectado con Efesios 3:17-19, donde Pablo habla de la longitud, el ancho y la altura del amor de Cristo. Juan ve a la esposa del Cordero con las mismas dimensiones de amor que el Novio, un amor que es igualmente íntegro y completo en longitud, ancho y alto.

- **Longitud:** Como el amor de Cristo llegó hasta las profundidades del pecado del hombre, el amor de esta novia se sumerge a lo más bajo de la humanidad para elevarlo a la gloria. Ninguna longitud alcanza para expresar la intensidad de este amor similar al de Cristo. Ella despreciará su vida, aun hasta la muerte, por la causa del evangelio.

- **Anchura:** Como el amor de Cristo atraviesa todo estrato y división de la humanidad para abarcar a pueblos de toda lengua, color, contexto, etc., y, a través de la novia, toca a todos los seres humanos, Su corazón arde de tal modo que puede abrazar a cada persona por la que Cristo murió.

- **Altura:** Estas son las gloriosas alturas de su perfecto amor, el inmaculado afecto de una novia deslumbrada por su Amado, que es exaltado sobre todo otro nombre. La pureza y la gloria de sus pasiones surge como una montaña majestuosa de esplendor real.

¡¿Guau, no hacen una pareja asombrosa?! Juntos, cubiertos de una perfección impactante, íntegramente compatibles y unidos en todo sentido, son la historia de amor del cielo. Por siempre.

47

El secreto del apego

> «Yo, Señor, me apego a tus estatutos; no me hagas pasar vergüenza» (Salmo 119:31).

Como el «vaso más frágil», una de las cosas que, como la novia de Cristo, sentimos más profundamente es nuestro desamparo y debilidad, separados de él. Especialmente, en los tiempos de dificultades y problemas, cuando se nos hace real la necesidad de Dios, nos apegaremos a él, igual que una persona que no puede nadar, a un salvavidas.

Durante los tiempos de crisis, el lugar secreto se vuelve nuestra fuente de supervivencia, al acercarnos para inclinarnos a él y clamar por su ayuda. Hay ocasiones en las que estoy especialmente apegado. Le pregunto: «¿Señor, te desagrada este sentir mío, tan desesperado, en este momento?» La respuesta que he sentido es: «No, me encanta cuando dependes de Mí. Sin Mí, no puedes hacer nada; pero no siempre te das cuenta. Me encanta cuando, al final, penetra en ti el hecho de que me necesitas más que al aire que respiras, y te apegas a Mí con todas tus fuerzas».

Hay momentos en que mi alma es azotada por los vientos, y ni siquiera entiendo la naturaleza de la lucha. Si supiera de dónde viene o cómo defenderme, sería mucho más fácil. Pero me encuentro atrapado en un remolino de emociones e incertidumbres, y no sé qué hacer. *Lo único es, en esos momentos, retirarme al lugar secreto; temblar ante Su presencia, en mi vulnerabilidad, y apegarme, desesperadamente, a él.*

Solía pensar que la madurez cristiana significaba volverse cada vez más fuerte, hasta ejercer un poder intimidatorio reconocido, sobre el de las tinieblas. Pero la imagen que de ella nos da la Escritura es muy diferente: «¿Quién es esta que sube por el desierto, apoyada sobre el hombro de su amado?» (Cantar de los Cantares 8:5). Aquí vemos a la novia que ha sido perfeccionada en el amor, a través de su estadía en el desierto, ¿y cuál es la cualidad más impactante en ella? ¡Necesita de su amado para que la ayude, en cada paso! La experiencia le enseñó que necesita la ayuda de Jesús, literalmente, en cada área de su vida, de manera que ella descansa en él y se apega con desesperada dependencia.

Muchas veces, cuando me levanto para ministrar delante de un grupo de santos, me siento «tambaleante». Busco en mi espíritu la manera en que debo proceder, luchando para discernir la voluntad del Señor para el tiempo de ministración en ese momento. He encontrado que, cuanto más fuerte me siento en mí mismo, más fácil es olvidarme de Dios. Cuanto más débil me siento, más desesperadamente busco Su dirección y Su revelación. De manera que cuando soy débil, suelo seguirlo al Señor más de cerca. A veces, pues, sólo me paro delante de la gente, tambaleante. ¡Y me apego a él! Al hacerlo, encuentro que es increíblemente fiel para dirigir mis pasos de acuerdo con Su voluntad. En mis tiempos de mayor debilidad, he descubierto: «Con tu apoyo me lanzaré contra un ejército; contigo, Dios mío, podré asaltar murallas» (Salmo 18:29).

No le molestará apegarse a él en público, si ya se ha estado apegando a él en privado. El lugar secreto es donde establecemos nuestro apego a Su lado. Cuando lo perdemos, nos volvemos víctimas de toda clase de engaños y obstáculos. Refiriéndose a la relación de Jesús con los líderes judíos, las Escrituras dicen: «La piedra que desecharon los constructores ha llegado a ser la piedra angular» (Salmo 118:22).

Los constructores eran los sacerdotes y escribas judíos. Tenían educación y estaban entrenados, habían hecho su aprendizaje y eran hábiles edificadores para Dios. Pero, a pesar de su experiencia, rechazaban la mismísima piedra que Dios estableció como la piedra angular La misma tentación enfrentan los líderes actuales. Es posible para nosotros, después de todo nuestro entrenamiento y experiencia, desechar lo que Dios ha determinado usar de manera principal en esta hora. Atención, todos los constructores: Necesitamos mantener una constante conciencia de nuestra ineptitud. *Aparte de una relación de apego con el Señor, podemos fácilmente perder la piedra de la verdad que Dios está estableciendo ente su pueblo, hoy.*

También, en el lugar secreto, me apego a Su palabra. La aprieto en mi pecho como si fuera mi propia vida. «Yo, Señor, me apego a tus estatutos; no me hagas pasar vergüenza (Salmo 119:31). Pienso que los «testimonios» apuntan, en parte, a las historias de las poderosas intervenciones de Dios, a favor de los santos de la historia: cómo partió las aguas; cómo los alimentó con maná; cómo derribó los muros de Jericó; cómo resucitó a los muertos. Esos son Sus testimonios y reflejan Sus caminos: cómo él maneja a Sus consagrados que lo aman. Me apego a las historias del poder revelado de Dios porque me alientan al ver que él aún obra, de la misma magnífica manera, en nuestros días. Me apego a Sus testimonios porque necesito ese mismo poder milagroso derramado sobre mi vida. «¡Oh, Señor, no me hagas pasar vergüenza!».

Después que Jesús se levantó de la muerte, apareció, primero, a María Magdalena (intencionalmente). Lo ven: María fue la última en irse de la tumba el día de su entierro y, también, la primera en llegar a ella, en la mañana del tercer día. Cuando nadie más estaba ahí, ella, sí. ¡Por lo tanto, Jesús se reveló, primero, a aquella que más lo amaba y extrañaba! Cuando María lo vio, estaba sobrecogida de gozo, y con sus brazos, envolvió sus pies. Jesús le dijo: «Suéltame, porque todavía no he vuelto al Padre» (Juan 20:17). No la estaba rechazando, como si pensara que ella no debía apretarlo de esa manera. Solamente, quiso decir: «No es aún el tiempo. Conozco la pureza de tu corazón, María, que anhelas unirte en amor a Mí. Pero debo ascender primero al Padre, antes que nos unamos el uno con el otro en el reino de Dios».

Al aferrarse a Jesús, María Magdalena fue una representación de la novia de Cristo del tiempo final. Como la María de antaño, hoy en día, los invitados a la boda ansían la aparición del Señor, buscándolo, hurgando en la oscuridad, enfermos de amor y anhelando verlo. Llorando. Esperando. Esta es la clase de novia por la que Jesús está volviendo. Cuando él se revele a ella la segunda vez, ella no deberá esperar ya más. Aun si él tratara de decir: «No te apegues a Mí», sus brazos rodearán Sus pies, ¡y nunca lo dejará ir! «Te perdimos una vez, Señor, ¡y nunca más voy a dejar que te sueltes de mis manos!». De esta manera, estaremos aferrados a él, por siempre y para siempre.

Pero, hasta ese glorioso día, me aferraré a él en secreto, y allí le daré mi amor.

48

El secreto de caminar con Dios

Dios no solo busca una novia apegada a él, sino también, una compañera en el camino. Desde el mismo principio, Dios tuvo una relación con Adán y Eva, a quienes encontraba «Cuando el día comenzó a refrescar, oyeron el hombre y la mujer que Dios andaba recorriendo el jardín» (Génesis 3:8). Dios creó al hombre para disfrutar un andar en relación con él, que involucró el compañerismo, el diálogo, la intimidad, el tomar decisiones en conjunto, el deleite mutuo y un dominio compartido. Dios anhela caminar con usted, y esta es la razón por la cual Sus armas de gracia lo han llevado a un andar mas íntimo con él.

Mi esposa, Marci, adora salir a caminar con su amiga Wendy. Hablan todo el tiempo. Sin parar. La caminata no solo es un ejercicio divertido, también profundiza la amistad. Jesús realizó esta clase de recorridos con Sus discípulos, y aún, hoy en día, gusta de hacerlos con nosotros.

El lugar secreto no es el destino; es solo el catalizador. Está diseñado por Dios para establecernos en una amistad más íntima con él, lo cual se va haciendo a través del curso de nuestra vida diaria. *La meta que estamos persiguiendo es un diario caminar en una comunión inquebrantable con nuestro Señor y Amigo.*

Enoc fue el primer hombre, en la Biblia, que caminó con Dios:

«Después del nacimiento de Matusalén, Enoc anduvo fielmen-
te con Dios trescientos años más, y tuvo otros hijos y otras hijas.
En total, Enoc vivió trescientos sesenta y cinco años, y como
anduvo fielmente con Dios, un día desapareció porque Dios se
lo llevó» (Génesis 5:22-24).

Aun cuando, desde los primeros días, el hombre comenzó a clamar a Dios (Génesis 4:26), Enoc fue el primer hombre en descubrir el verdadero deleite de caminar con él. Halló algo que ni siquiera Adán experimentó. Insistió, hasta que aprendió cómo comulgar con Dios, a través de cada faceta de la vida. Para encontrar esa dimensión en la relación, ciertamente, se requiere una intensa búsqueda espiritual; cuando la descubrió, el Señor hizo una viva declaración, al tomarlo y llevarlo al cielo.

Llevando a Enoc a su gloria, Dios no estaba tratando de impresionarnos con la piedad de aquel. Dios no estaba diciendo: «Si llegas a ser tan espiritual como Enoc, también serás transportado al cielo». Esta fue una experiencia única que Dios usó para enfatizar un punto específico: *«¡Me encanta caminar con el hombre! Enoc fue el primer hombre en hacerlo verdaderamente conmigo, de manera que decidí resaltar su ejemplo, haciendo algo extraordinario con él. Lo arrebaté hacia el paraíso para subrayar cuánto aprecio y deseo una relación diaria caminando con Mis escogidos».* El ejemplo de Enoc sigue testificando a todas las generaciones sobre el gran celo que Dios tiene por caminar con el hombre. Cuando este celo lo capture, será encendido con una gran pasión por caminar con Dios y por ser Su amigo. Imagínese siendo Enoc, viviendo trescientos sesenta y cinco años ¡y teniendo esta relación creciente con Dios! Uno solo puede pensar qué gloriosas profundidades de intimidad descubrió Enoc. Tal vez, su corazón deseaba tanto más de Dios que él se cansó de no revelarse. Tal vez, el corazón de Dios estaba diciendo: «Enoc, me amas con una pasión tan pura y dulce que ya no quiero decirte "no". Voy a contestar tu oración y a mostrarte Mi rostro. ¡Vamos, sube!».

Al acercarse más a Dios, no lo levantará hacia el cielo como hizo con Enoc. Sin embargo, sí, desea revelarle la belleza de Su rostro. Al caminar con él, nos abrirá las escrituras, a través del Espíritu de sabiduría y revelación, y nos manifestará la luz de Su gloria.

Había otro aspecto llamativo de la ascensión de Enoc. Dios esperó hasta que él tuviera trescientos sesenta y cinco años de edad, y, de repente, se fue. Desde entonces, en un año, hay trescientos sesenta y cinco días. Esos años de vida de Enoc fueron, en sí mismos, un mensaje de Dios. Básicamente, él estaba diciendo: «Quiero caminar con el hombre trescientos sesenta y cinco días en el año. Trescientos sesenta y cuatro no sirve. Hoy quiero caminar contigo, todo el día, cada día, todo el año, ¡por el resto de tu vida terrenal!». ¡Guau, es alucinante considerar que el gran Dios del universo está tan intensamente interesado en nosotros!

Cuando caminamos con Dios, entramos en la dimensión en la que revela los secretos de Su reino. Estas son las sendas que los antiguos pisaron antes que nosotros. Noé conocía el secreto de caminar con Dios (Génesis 6:9). También, Abraham (Génesis 24:40). A través de Cristo, usted puede explorar las gloriosas riquezas de conocer a Dios como ellos lo hicieron, ¡y hasta un nivel mayor, por el Espíritu que nos fue dado!

Dios quiere caminar con nosotros antes que obrar a través de nosotros. Por lo tanto, esperará a actuar, hasta que encuentre a la persona correcta, a través de la cual él pueda obrar. Hablando con claridad, Dios obra con sus amigos. Él no decide lo que quiere hacer y después comienza a buscar a alguien para usar. Él busca un ser humano, y, una vez que lo encuentra, decide lo que quiere hacer con él. Por ejemplo, Dios no escogió a Noé porque quería enviar un diluvio; Él tenía la libertad de hacerlo porque había encontrado a un hombre con quien caminar. Dios siempre comienza, primero, hallando un amigo.

Cuando Dios tenía a Noé, podía hacer un diluvio. Cuando tenía a José, podía darle a Faraón un sueño divino. Teniendo a Moisés, podía planificar una poderosa liberación para su pueblo. Con Elías, podía mandar fuego del cielo. Cuando tenía a Samuel, podía probar el corazón de Saúl. Cuando tenía a Jesús, podía salvar al mundo. ¡Oh, amados, aprendan a caminar con Dios!

Cuando Dios tiene un amigo, la actividad divina se acelera. Las cosas andaban bastante bien en Babilonia, hasta que apareció Daniel. Entonces, hubo un hombre que caminaba con Dios, y él podía acelerar sus propósitos. Toda clase de cosas comenzaron a suceder. Nabucodonosor comenzó a recibir sueños divinos; hombres fueron preservados de un horno de fuego; Nabucodonosor enloqueció durante siete años y luego fue restaurado; una mano apareció y escribió en una pared; Daniel fue liberado de la boca de los leones y se registraron algunas de las revelaciones más detalladas de los eventos futuros. Todas estas cosas pudieron suceder porque Dios tenía a Daniel que caminaba con él.

Cuando Dios tiene un vaso útil que ha sido preparado para nobles propósitos, lo usará. Para ilustrarlo: si colocan una cortadora de césped automática en mi garaje, les prometo: ¡la usaré! De manera similar, Dios empleará a aquellos que caminan con él. Pero está buscando tres cualidades cruciales: humildad, fidelidad y lealtad. Él desea trabajar con amigos que le son leales, sin importar qué suceda. Aun cuando las circunstancias puedan sugerir que Dios es injusto, sus amigos de verdad continúan caminando con él. De manera que el Señor probará nuestra fidelidad. Cuando demostramos que somos Sus amigos, a través de las grandes calamidades de la vida, somos aprobados como vasos útiles.

Jesús era la quintaesencia del ejemplo de un Hombre que caminó con Dios. Lo hizo tan cerca de él que siempre estaba en el Espíritu, aun cuando lo tenían que sacudir para despertarlo de un profundo sueño. Cuando me despierto, a veces, estoy malhumorado o atontado. Pero cuando despertaron a Jesús de un profundo sueño, ¡Él calmó la tempestad! Qué obra asombrosa, ser despertado de un sueño mortífero e instantáneamente estar en el Espíritu. ¡Señor, si pudiera despertar en esta semejanza a Ti, con este caminar profundo, entonces estaré satisfecho!

Este es el secreto: El lugar secreto es donde desarrollamos una relación activa con Dios. Debemos desarrollar una historia secreta con Dios antes que él nos dé una historia pública delante de la gente. Escondidos en el lugar secreto, aprendemos qué es lo que él está buscando en los amigos y hallamos lo que a él le agrada. Nuestro lugar más íntimo se vuelve nuestro campo de entrenamiento para una vida arraigada y fundamentada en el amor.

Jesús nos dijo que confía los propósitos de Su reino a Sus amigos (Juan 15:15). Señor, quiero ser tu amigo, tu confidente, leal hasta la muerte. Quiero caminar contigo, hablar contigo, escucharte, oír tu corazón, y participar de Tus obras en esta hora trascendental. ¡Enséñame, Señor, a caminar contigo!

49

El secreto de comprar aceite

E
l aceite en la Biblia suele representar al Espíritu Santo, de manera que tener aceite en las lámparas significa tener la presencia, dentro de uno, del Espíritu Santo, iluminando nuestras vidas con Su celo y gloria. Sin este aceite, nuestras vidas se vuelven vacías y nuestra luz se extingue. El lugar secreto es donde compramos aceite. Al apartarnos para tener comunión con el Señor, somos renovados en el Espíritu Santo, y nuestros niveles de aceite se vuelven a llenar.

La idea de «comprar aceite» deriva de la parábola de las diez vírgenes; por lo tanto, miremos el pasaje y prestemos especial atención a cómo aparece la palabra «aceite». Jesús está diciendo:

«El reino de los cielos será entonces como diez jóvenes solteras que tomaron sus lámparas y salieron a recibir al novio. Cinco de ellas eran insensatas y cinco prudentes.

Las insensatas llevaron sus lámparas, pero no se abastecieron de aceite. En cambio, las prudentes llevaron vasijas de aceite, junto con sus lámparas. Y como el novio tardaba en llegar, a todas les dio sueño y se durmieron. A medianoche, se oyó un grito: "¡Ahí viene el novio! ¡Salgan a recibirlo!" Entonces, todas las jóvenes se despertaron y se pusieron a preparar sus lámparas. Las insensatas dijeron a las prudentes: "Dennos un poco de su aceite porque nuestras lámparas se están apagando." "No —

respondieron éstas—, porque así no va a alcanzar ni para nosotras ni para ustedes. Es mejor que vayan a los que venden aceite y compren para ustedes mismas." Pero mientras iban a comprar el aceite llegó el novio, y las jóvenes que estaban preparadas entraron con él al banquete de bodas. Y se cerró la puerta. Después llegaron también las otras. "¡Señor! ¡Señor! —suplicaban—. ¡Ábrenos la puerta!" "¡No, no las conozco!", respondió él. Por tanto —agregó Jesús—, manténganse despiertos porque no saben ni el día ni la hora» (Mateo 25:1-13).

No tenemos espacio en este breve capítulo para un estudio concienzudo de esta parábola. Ella es increíblemente fascinante y se ha ganado una gran variedad de interpretaciones y aplicaciones. No obstante, la gran mayoría coincide en que el aceite en la lámpara representa la reserva interna de la realidad del Espíritu Santo. Aquí nuestro enfoque está en el aceite. Si no estamos llenos con el aceite del Espíritu, no sobreviviremos al caos y las calamidades de los últimos días.

Las diez vírgenes tenían aceite en sus lámparas, pero las cinco sensatas trajeron una provisión extra de aceite. Esto sucedió porque ellas previeron que la llegada del novio podía retrasarse más allá de lo que esperaban. Las vírgenes insensatas tuvieron la presunción fatal de que volvería antes y no se demoraría. Confiaban en que no necesitarían más aceite; pensaban que sus lámparas tenían el suficiente para mantenerlas hasta que el novio regresara.

Todas las vírgenes eran creyentes sinceras. Mike Bickle ha sugerido, basado en el contexto, que ellas representan a los líderes en la iglesia. Si eso es cierto, se podría decir del aceite, que representa la unción de un líder en el ministerio, que es cultivada en el lugar secreto. Las vírgenes insensatas tenían una mentalidad del tipo «logré pasar». Se dedicaron al lugar secreto solo hasta el nivel en el que sus responsabilidades ministeriales parecían imponerles. Las sensatas mostraron su diligencia, cosechando una profundidad en Dios que era mayor que las demandas de sus ministerios. *Las sensatas no fueron al lugar secreto solamente para comprar aceite para cumplir con sus ministerios; fueron, también, para comprar aceite para ellas mismas, de manera de tener un corazón ardiente en su relación con el Señor.*

No cuesta mucho obtener aceite para el ministerio; pero, sí, costará un montón, para una relación íntima con Jesús. Así, cuando termina el tiempo de ministración, usted sigue siendo una llama de amor ardiendo para él.

Cuando su insensatez se hace evidente, las vírgenes acudirán a las sensatas y les dirán: «Dennos un poco de vuestro aceite», porque reconocerán que tienen profundidad en Dios; pero ellas nunca dedicaron el tiempo ni la fuerza para cultivarla. Dirán: «Dennos un poco de vuestra autoridad y ministerio», pero las sabias comprenderán que no hay atajos para la autoridad del ministerio. *No se puede obtener la autoridad de la unción de otra persona; debe obtenerla personalmente en el lugar secreto.*

Cuando el novio demora Su retorno, a las vírgenes las sobrecoge una congoja de corazón por causa de la esperanza demorada. (Proverbios 13:12). Esta aflicción les producirá, también, sueño (Lucas 22:45). La demora del novio tiene la habilidad de distinguir ente las insensatas y las sabias. Revela a quienes han desarrollado su propia historia de una relación personal viva con el novio. A aquellos que perseveran en amor, a través de la congoja por las esperanzas demoradas, se les confiará la autoridad para ministrar liberación a los cautivos. Al final, el sabio se convertirá en poderoso libertador.

Necesitaremos una reserva en el Espíritu, si vamos a sostenernos a través de la hora de la prueba que está por venir sobre toda la tierra (Apocalipsis 3:10).

El tema de la parábola es: ¡compren aceite! Dedique su vida al lugar secreto hasta que su corazón esté rebosando de amor y de celo por su Amado. Después, hágalo su prioridad, para mantener esa lámpara siempre llena. *El secreto está aquí mismo: El lugar secreto es el umbral para los recursos que vuelven a satisfacer su necesidad para sostenerse a través de la oscura noche del demorado regreso de Cristo.* ¡Compre aceite!

50

El secreto de la provisión continua

Dios ha dejado disponible la oportunidad de aprovechar las provisiones inacabables del Espíritu. Nunca tendremos necesidad de agotarnos espiritualmente, si aprendemos a acceder al constante abastecimiento del Espíritu que vive en nosotros. En el lugar secreto, aumentamos nuestra capacidad de acudir a Su gracia y, después, realizar nuestros días en la fuerza de Sus recursos eternos.

La imagen de la «provisión continua» está vívidamente pintada en Zacarías 4. Por favor, abra su Biblia en ese pasaje, ahora mismo, y léalo antes de seguir adelante conmigo.

Zacarías fue mostrado como un candelabro con siete lámparas alimentadas con aceite. Él vio un recipiente lleno de aceite sobre el candelabro, con tubos que lo suministraban hacia las lámparas. El recipiente funcionaba como una reserva de combustible y era alimentado por dos olivos que estaban parados a ambos lados del candelabro. Ellos proveían constantemente aceite a dos receptáculos, que alimentaban el recipiente. Así, los árboles abastecían el recipiente que alimentaba las lámparas. La provisión era constante, y la llama de las lámparas ardía sin cesar.

Lo que estoy por compartir no es solo el modo de mirar este fragmento. Hay muchas interpretaciones válidas para los pasajes proféticos como este, por lo que la mía es una, entre otras posibles. Con esta salvedad, quisiera sugerir que el candelabro lo representa a usted, el siervo consagrado del Señor. En el contexto de

Zacarías 4, el candelero es Zorobabel, pero este solo tipifica al siervo consagrado del Señor. Los candiles, en la Biblia, representan varias cosas, pero, en Mateos 5:15, Jesús usó uno para referirse a una persona. De manera que el candelabro es usted, el creyente individual. Al principio, no lo veía representando a un individuo, porque pensaba que un creyente tenía sólo un fuego ardiendo dentro de sí. Pero, después, me crucé con la exhortación de Jesús: «Manténganse listos, con la ropa bien ajustada y la luz encendida» (Lucas 12:35). Tenemos una sola ropa, por eso "ropa" está en singular. Pero Jesús pone "lámparas", en plural (NT: En la versión Reina Valera, 1960, figura "lámparas"), diciendo que tenemos varias lámparas dentro de nosotros. Para ser precisos, poseemos siete. Dios ha planeado que cada uno de nosotros arda con siete fuegos santos, delante de la presencia de Su gloria. El Espíritu Santo es revelado como «las siete lámparas de fuego» que arden delante del trono (Apocalipsis 4:5). Cuando usted esté lleno del Espíritu Santo, también arderá con siete fuegos. No estoy preparado para realizar una declaración de lo que pienso que son esos siete fuegos, pero considero que lo más destacado de las lámparas es que son el fuego del amor de Dios. Es el ardiente amor de Dios, por Dios y por Su creación. Cuando ese fuego toma nuestras vidas, nos enciende con una ardiente pasión por Jesús y una clemente compasión por la gente. Y ese es uno de los siete fuegos. (Estoy indagando en los otros seis y, algún día, escribiré sobre ellos).

Veamos, ahora, el contexto histórico de la visión de Zacarías. Zorobabel, el líder civil de Israel, está involucrado en la tarea de construir el templo de Dios. Al profeta Zacarías, su consejero, se le da un mensaje divino para alentar a Zacarías en su proyecto. Dios quiere revelarle a Zorobabel un paradigma totalmente nuevo para edificar en el reino. La mayoría de las construcciones de un reino son realizadas por líderes visionarios que movilizan a un grupo de personas, para apoyarse en su fortaleza y trabajar en el proyecto con todas sus fuerzas, hasta que se termine. Sin embargo, Zacarías tenía una revelación divina para otra clase de liderazgo, un estilo de liderazgo en el cual, el siervo del Señor obtiene su efectividad al apoyarse en una fuente interna, en el Espíritu. Al ser alimentado en su interior por una provisión constante del Espíritu, el líder recibe poder para guiar al pueblo de Dios en la construcción del reino. En lugar de ver a un líder que se dispersa, corriendo en cientos de direcciones a la vez, Zacarías ve a uno, cuyas lámparas están ardiendo con fuerza porque está apoyándose en una fuente espiritual de poder y de gracia. «"No será por la fuerza ni por ningún poder, sino por mi Espíritu", dice el Señor Todopoderoso» (Zacarías 4:6).

Es interesante que el recipiente cisterna, lleno de aceite, está «sobre» el candelabro. Esto quiere decir que el aceite se derrama, desde el recipiente, en las siete lámparas. Este recipiente no solo contiene aceite más que suficiente para alimentarlas; también, suple cada una de ellas con una presión alimentada por la gravedad. Con el aceite haciendo presión hacia abajo en cada llama, las lámparas no están parpadeando perezosamente, sino que arden con brillo y fuerza, auténticas antorchas del celo divino. Dios le está mostrando a Zacarías que es posible acceder a semejante flujo dinámico de vida divina para que uno, literalmente, arda con celo santo delante del trono de Dios y delante de la gente en la tierra.

Paremos y hagamos de esto algo personal y práctico. Véase a este candelabro como un devoto creyente que es llamado a proveer un liderazgo compasivo en la construcción del reino de Dios. Al llegar al lugar secreto, abre los canales de su corazón y permite que el aceite de la vida divina fluya dentro de cada habitación de su corazón. El lugar secreto es donde sus lámparas reciben mantenimiento, donde su celo por el rostro de Cristo es reavivado y renovado, hasta que arde con siete llamas brillantes y fuertes como antorchas. Aquellos que entran en contacto con usted son impactados con su pasión por Jesús y su amor sin egoísmo por la gente. Se dan cuenta de que ha sido limpiado con fuego de las ambiciones y compromisos personales. Su fuego es intenso y su llama es pura. Su corazón tiene su atención centrada en la belleza de Su rey. Sus intereses y afectos son solo para su Novio celestial. Cuando usted hace un llamado para la construcción, los santos corren a su alrededor con entusiasmo porque saben que está funcionando desde el vientre creativo de la mañana (el lugar secreto), donde ha recibido mandatos divinos y revelaciones. Su productividad se vuelve desproporcionada respecto a sus recursos. Lo que quiero decir es que el trabajo avanza a un paso mas rápido del que parece posible con los limitados recursos a su disposición. ¿Por qué? *Porque no está solamente trabajando por el poder y la fuerza de los recursos humanos; está operando en la sinergia y en el fluir del impulso del Espíritu Santo, como si Dios mismo trabajara con usted y en usted.* ¡Usted se encuentra en la zona de Dios! Los recursos financieros surgen, al parecer, de la nada; los voluntarios surgen de la proverbial carpintería; las corporaciones paganas comienzan a donarle cosas; las puertas se abren donde antes había solo una pared; los santos se unen para los propósitos del reino; los pecadores están asombrados por la gracia de Dios que reposa sobre la comunidad de creyentes. ¡Y todo fue liberado porque un líder salió del lugar secreto ardiendo por Dios!

Volvamos a la visión de Zacarías 4. Zacarías tiene una pregunta acuciante sobre el ángel que está trayéndole esta revelación. Interroga, no menos de tres veces, al ángel: «Cuéntame acerca de estos dos olivos. ¿Qué son estos olivos?» (Ver versículos 4,11 y 12.) Su respuesta es: «"Éstos son los dos ungidos que están al servicio del Señor de toda la tierra"» (Zacarías 4:14). Esa respuesta es lo suficientemente vaga para que nos encontremos haciendo la pregunta: ¿Qué representan estos dos olivos?

Zacarías desea saber qué son los dos olivos, porque son la fuente del aceite. Una vez que conocemos la fuente, conocemos el secreto de vivir con una constante provisión de la vida divina y la gracia. De manera que esta es la gran pregunta de todos los tiempos: ¿Cuál es la fuente para una provisión sinfín de los infinitos recursos de Dios?

Los dos olivos, a mi juicio, son la Palabra y el Espíritu. Necesitamos ambos, mezclados y fluyendo en nuestros espíritus, si es que vamos a construir el reino, a través del poder de Dios.

Cuando el Espíritu de Dios se mueve según su palabra y el hablar a lo profundo de nuestro ser, ¡usted se levantará con un fuego santo! Por eso cuando Jesús se reveló a sí mismo a los dos discípulos, en el camino de Emaús, abriendo a sus corazones las Escrituras referentes a él, a través del poder del Espíritu Santo, ellos después declararon: «¿No ardía nuestro corazón mientras conversaba con nosotros en el camino y nos explicaba las Escrituras?» (Lucas 24:32). *Cuando la palabra llena del poder del Espíritu es ministrada a su corazón, ¡usted también arderá por él!*

El lugar secreto es donde recurrimos a la vida de la Palabra y del Espíritu. Es el lugar donde abrimos nuestros espíritus a él para que un mayor caudal de Su aceite pueda correr a nuestras lámparas. Lo que realmente queremos son tubos más anchos. Los tubos que llevan el aceite desde el recipiente a las siete lámparas son críticos para el nivel de luz emitido por el candelabro. Si ellos están abiertos y despejados, aquel llegará libremente a las llamas de nuestros corazones. Cuando esta mezcla de aceite (la Palabra y el Espíritu) fluye en nuestros corazones y nos enciende para él, el reino crecerá en nuestras vidas y, a través de ellas, en proporciones sorprendentes. El tema no es: «¡Trabaja más!» El tema es: «¡Consigue aceite!». El secreto es: Dedíquese a incrementar su conexión con la fuente del aceite divino. Cuanto más fluya este aceite en su ser, más brillarán sus lámparas con fulgor, delante de Dios y del hombre.

Nada es más peligroso para el reino de las tinieblas que un hombre que ha encontrado la incesante fuente de la vida celestial. Cuando el siervo del Señor es alimentado por este fluir interior de aceite, y sus siete lámparas son auténticas antorchas del celo ardiente por su Amado, entonces ninguna fuerza del infierno puede extinguir esta llama. Aun si este tratara de apagarla con aguas de la boca del dragón, no lo lograría, pues este fuego es alimentado por una fuente interior. Nada externo puede apagarlo. ¡Qué maravilloso secreto estoy tratando de describir! Juan Wesley dijo algo así: «Arda con fuego para Dios y deje que la gente venga y lo vea arder».

Venga conmigo al capítulo siguiente, quiero enfatizar esta verdad con otra imagen de la Escritura que retrata una provisión constante de la vida divina.

51

El secreto de permanecer en Cristo

Hay una gran pregunta que ha sido realizada por todos los grandes santos a través de la historia en su búsqueda de Dios. Vimos, en nuestro anterior capítulo, que ella fue hecha tres veces por Zacarías. Es la búsqueda común de un alma diligente. Es la pregunta compartida por todas las generaciones, de todos los tiempos. La pregunta es muy simple: «¿Cómo permanezco en Cristo?» La pregunta es simple, pero la respuesta es profunda. Y pocos hay que la hallaron.

Muchos nos sentimos entrando y saliendo de la presencia de Dios. Tenemos momentos de gran conexión, después sufrimos períodos de desconexión. No podemos analizar exactamente por qué una distancia se desplegó entre nuestros corazones hacia el Señor, pero la mayoría de nosotros sentimos como si nuestra relación con Cristo fuera una montaña rusa de sentimientos de cercanía, luego de lejanía; cerca, lejos, luego cerca nuevamente. Adentro y afuera. Nos desagrada eso. Fuimos creados para una intimidad constante, y cualquier cosa menor a eso nos pone locos en nuestro interior.

En mi opinión, estas son unas de las palabras más gloriosas de Cristo en toda la Biblia: «Si permanecen en mí y mis palabras permanecen en ustedes, lo que quieran pedir se les concederá. Mi Padre es glorificado cuando ustedes dan mucho fruto y muestran así que son mis discípulos» (Juan 15:7-8). El «si» del pasaje me vuelve casi loco con un deseo santo. «¡Si...!» La condición más grande para la oración contestada es una relación de permanencia en Cristo y en sus palabras. El éxito no está garantizado. Está a disposición, pero rara vez se experimenta en su plenitud. Sé que no permanezco en Cristo de esta manera porque las cosas que deseo no se han cumplido. De manera que busco esta dimensión de la vida santa con un gran apetito espiritual, con lo que llamo «un corazón ardiendo en santidad». ¡Debo ganar a Cristo!

Una revista cristiana que publicó un artículo sobre Hudson Taylor, en uno de sus números, contó cómo él batallaba para tener un caminar más cercano a Dios. Aun cuando es considerado uno de los más grandes campeones misioneros en la historia de la iglesia, anhelaba una relación más íntima con Cristo. «Oro, agonizo, ayuno, me esfuerzo, me determino, leo la palabra con más diligencia, busco más tiempo para retirarme y meditar, pero nada surte efecto», dijo con languidez. «Sabía que si permanecía en Cristo todo estaría bien, pero no podía». Taylor llegó a un punto de inflexión en su vida cuando recibió una carta de un colega. Este sencillo mensaje abrió la puerta: «La amistad con Dios viene, no, de luchar procurando la fe, sino de descansar en el que es fiel». Esas simples palabras eran, de alguna manera, precisamente lo que Hudson Taylor necesitaba, para ayudarle a cruzar el umbral en su relación con Cristo. Pudo dejar de esforzarse y abrazar la cercanía de Cristo, su poder y su vida. Hago referencia a la experiencia de Taylor, no, como si fuera una fórmula para aprender a permanecer en Cristo, sino para mostrar que los santos más eminentes han luchado con este mismo tema.

La manera en que usted llega a permanecer en Cristo será distinta de la de los demás. Todos permanecemos de modo diferente porque todos somos creaciones únicas de Dios. Su relación con Cristo nunca será como la mía, y la mía nunca será como la suya. Esta es la razón por la que nunca aprenderá a permanecer en Cristo leyendo las historias de otros. No aprenderá a permanecer por leer el libro correcto o por escuchar un gran sermón. Nadie puede guiarlo a tener una relación de permanencia con Cristo. Un guía sólo podrá ayudarlo hasta cierto punto, pero, en el análisis final, todos tenemos que encontrar nuestro camino para permanecer en Cristo. *Cuando todo se ha dicho y hecho, debemos cerrar la puerta, entrar al lugar secreto con Dios y descubrir por nosotros mismos cómo sería una relación de permanencia con Cristo.*

Usualmente, el sendero para una relación de permanencia en Cristo está acompañado de presión. Dios permite circunstancias incómodas o emociones en nuestras vidas, que nos lleven a buscar con determinación a Cristo. La mayoría de nosotros nunca nos entregaríamos a buscar una relación de permanencia, a menos que el Señor, en su bondad, permita calamidades o luchas en nuestras vidas que eleven el nivel de nuestro dolor al punto de la desesperación.

José ilustra la quintaesencia de esta verdad. Dios lo llevó a un sendero de dolor para poder ayudarlo a encontrar una relación de permanencia. Permítame repasar brevemente la historia junto a usted.

Con diecisiete años, José se diferenció de sus hermanos como un hombre de carácter piadoso, en medio de una generación perversa. De manera que Dios, básicamente, dijo: «¡Felicitaciones, José! Estás manteniendo tu corazón puro; estás caminando sin reproches delante de Dios y los hombres; te mantienes apartado de una generación perversa. Has calificado para un ascenso en el reino, ¡esclavo serás!». Entonces, José fue vendido por sus hermanos como esclavo, en Egipto, a un hombre llamado Potifar. Este pronto se dio cuenta de que Dios estaba con José y de que bendecía todo lo que él tocaba. De manera que lo nombró administrador en jefe de todas sus posesiones. Aun siendo esclavo, José guardó su corazón delante de Dios y continuó caminando cuidadosamente delante de Dios. Era diligente en el cultivo de sus dones y talentos, demostrando ser fiel como administrador en toda la casa. Huyó de la tentación sexual cuando la esposa de Potifar trató de seducirlo. Entonces, Dios respondió: «¡Felicitaciones, José! Sigues practicando mi presencia; eres fiel al cultivar tus dones y talentos y has huido de la tentación. Calificas para un nuevo ascenso en el reino: ¡A prisión irás!».

José no tenía ni idea de por qué estaba en prisión. Con seguridad, debe haber sido tentado con este pensamiento: «Dios, ¿cuál es el beneficio de servirte? Cuando te amo y te sirvo y guardo mi corazón, no me ha ido nada bien». Satanás quería convencer a José de que servir a Dios no daba ganancia. Pero José eligió rechazar los pensamientos del tentador y, en su lugar, puso su amor sobre Dios, aun en la prisión. Se asió de los sueños que Dios le había dado, de un eventual ascenso.

Sin embargo, una desesperación se apoderó del espíritu de José. Comprendió que, a menos que hubiera una intervención divina, se pasaría el resto de su vida pudriéndose en esa prisión egipcia. Ninguno de sus talentos le iba a servir allí. No tenía importancia que fuera dotado, carismático e inteligente; ninguna de estas cosas lo podrían sacar de la prisión. Todos los dones que había cultivado ahora eran inservibles. Totalmente desahuciado, José comenzó a clamar a Dios con intensa desesperación: «¡Dios, háblame, o mi vida está acabada!». Comenzó a echar raíces profundas en el Espíritu de Dios, con más profundidad que nunca: «Dios, ¿por qué has permitido que esto me pase?».

Dios dijo:
—¡Más profundo!
Por tanto, metió las raíces más profundo.
—¡Aún más!
Entonces, en su desesperación, José profundizó aun más en el Espíritu de Dios.
—¡Más profundo, José!
José siguió hundiendo sus raíces espirituales, aún más profundamente, en el Espíritu de Dios, ¡hasta que un día encontró el río!

Querido amigo, hay un río que alegra la ciudad de Dios. Este río subterráneo corre tan profundo que muchos no pueden encontrarlo. Pero, en algunos casos, Dios permitirá pruebas extremas para llevar a Su siervo a las profundidades del Espíritu, con una pasión sin precedentes. Cuando José encontró este río, halló una fuente de vida en Dios que corre con mayor profundidad que los avatares de la vida. Sea una época de inundaciones o de sequías, hay un río disponible para el santo, proveyendo una fuente constante de vida divina y poder del Espíritu. Unos pocos parecen encontrar este gran río subterráneo; pero cuando lo encuentran, lo llaman: «Permaneciendo en Cristo».

Dios le estaba diciendo a José: «Hijo, tengo guardado para ti un gran ascenso. Pero aquello para lo cual te llamo nunca podrás realizarlo en la fuerza de tus dones o talentos. Sé que, mientras tus fuerzas estén intactas, siempre, por naturaleza, te apoyarás en ellas. De manera que te pondré en un lugar donde tus fuerzas serán inútiles. ¡Te pondré en prisión! Ante la impotencia, al perder todo el control, tendrás que encontrar en Mí una dimensión que sobrepase tus dones y talentos. Lo ves, José; hay en Mí una dimensión que no está en tus fuerzas y ni en tu poder, está en mi Espíritu». Cuando José encontró ese río, fue su capacidad para abrevar de la vida de Dios la que lo sacó de la prisión. No fueron sus talentos, sino su vida en el Espíritu. Cuando Faraón llamó a José para interpretar su sueño, él podía meterse en el río y darle a Faraón la sabiduría que deseaba. ¡Y en un día, José pasó de la prisión al palacio!

Es una relación de permanencia en Cristo la que lanza al santo a la zona de Dios. Estoy refiriéndome a una dimensión donde Dios obra soberana y poderosamente en los asuntos del hombre. Jesús tenía una relación de permanencia con su Padre y cambió la historia del planeta. *Si Dios le va a conceder la gracia para encontrar esta fuente eterna de su divino poder llamada «permaneciendo en Cristo», ¡usted también cambiará a su generación para Dios!*

No se desanime por las pruebas y contratiempos que repentinamente le sobrevienen. ¡Persista en Dios como nunca antes en su vida! Permita que la desesperación de su alma lo ayude a buscar a Dios con una entrega absoluta. Este es el secreto: Si va a buscar de él con todo su corazón, él lo guiará a este antiguo río que corre en lo profundo de Su corazón. Al buscarlo con cada gramo de su fuerza, él le traerá la fuente de la vida divina. Cuando la vida de Dios comienza a fluir dentro de su mundo de imposibilidades, este es el material de los milagros. ¡La vida de Dios no puede ser detenida! Si bebe de este río, todo dentro de usted y a su alrededor comenzará a temblar y a sacudirse, ante la oleada del poder de Dios desatado. ¡Todo lo concerniente a su prisión está por cambiar! Oro para que pueda recibir esta palabra: *¡Aprenda a permanecer en Cristo!*

52

El secreto de la unión con Dios

Hay un hondo clamor, en lo profundo del corazón del hombre, por lograr una conexión de corazón con Dios. ¡Usted fue creado para permanecer en Cristo! Es este clamor por la intimidad con Dios el que lo ha llevado a leer este libro. Fue el mismo que llenó el corazón de la mujer samaritana, en Juan 4, aun cuando ella no sabía cómo lograr sus anhelos. Buscó el amor en todos los lugares equivocados, pero el Maestro vio su corazón y supo cómo atraerla.

Cuando Jesús habló con esta mujer en el pozo de Jacob y ella se dio cuenta de que Jesús era un profeta, inmediatamente presentó su primer pregunta: «Nuestros antepasados adoraron en este monte, pero ustedes los judíos dicen que el lugar donde debemos adorar está en Jerusalén» (Juan 4:20). Su pregunta era: «¿Cuál es la forma correcta de conectarse con Dios, en esta montaña o en Jerusalén?» Sobre toda otra cosa, el anhelo de su corazón era lograr una significativa conexión con el de Dios. La cuestión de «dónde» había sido tan trillada en sus días que ella ya había perdido la esperanza de conectarse, alguna vez, con Dios, y había sucumbido a un estilo de vida de flagrante pecaminosidad. Pero, a pesar de ello y de su falta de esperanza de encontrarlo, ¡su corazón seguía sufriendo por una conexión con él! La respuesta de Jesús debe de haber sido asombrosa para ella, pues aprendió que Dios estaba, aún, más interesado y activo, buscando a aquellos que se unirían a él en Espíritu y verdad (Juan 4:23). ¡Jesús la buscó para revelarle los deseos del Padre por adoradores como ella!

¡Dios se ha mostrado de manera tan diferente de lo que habíamos pensado! Nos anhela para que seamos uno con él, para que nuestros corazones latan al unísono. Los antiguos tenían un término para describir las dimensiones supremas de la intimidad espiritual: era lo que llamaban «unión con Dios». Esta es la conexión por la que arde el corazón del hombre. Jesús vino para hacernos uno con Dios (Juan 17:21-23). *Es en unión con Dios que encontramos la mayor alegría, y es también donde descubrimos los mayores incentivos para explorar las profundidades cavernosas del ardiente corazón de Dios.*

Dios insufló en el alma humana un deseo profundo de unión con él. Luego, nos equipó con el vocabulario para hablar sobre ello, cuando nos dio el modelo del matrimonio. Él dijo: «Por eso el hombre deja a su padre y a su madre, y se une a su mujer, y los dos se funden en un solo ser» (Génesis 2:24). La unión del matrimonio tenía por fin servir como ejemplo que nos diera un patrón mental de comprensión sobre la unión espiritual.

Ahora bien, ¿por qué un joven y una jovencita escogen casarse? ¿Es por el romance? Bueno, una pareja puede disfrutar el romance durante el noviazgo, sin casarse. Pueden sentir amor, intimidad, amistad, compañerismo, comunicación, camaradería, todas estas cosas, y, sin embargo, no casarse. (Me refiero al noviazgo en su pureza e inocencia). Entonces, ¿por qué casarse? Porque mientras una pareja puede disfrutar todos los beneficios antes mencionados al relacionarse el uno con el otro en pureza e integridad sin casarse, hay algo que no pueden tener. Las parejas se casan, esencialmente, por la unión.

Dios nos ha dado un gran deseo por la unión con nuestra esposa, y aún más que eso, con él. *Sabemos que viene un día en que nos uniremos con Cristo en la boda del Cordero, pero la Escritura nos ha mostrado claramente que hay dimensiones de la unión con Cristo que están disponibles para nosotros, aquí y ahora.* La plenitud vendrá más adelante, pero lo que está a nuestra disposición ahora merece nuestra búsqueda diligente.

Hay un versículo, sobre todo, que me ha dirigido a la búsqueda de la unión con Dios. Está oculto en una cierta manera oscura; con anterioridad, he pasado a través de él, varias veces. Pero un día este versículo me pegó: «Pero el que se une al Señor se hace uno con él en espíritu» (1 Corintios 6:17). En el contexto, Pablo está hablando sobre la unión que se lleva a cabo a través de las relaciones sexuales. Infiere que la unión sexual está de alguna manera señalando una clase de unión espiritual que tenemos en Cristo, que excede largamente el plano físico-sexual.

Esto es lo que me atrapó del versículo. Dice que el Señor y yo somos un espíritu. Cuando me imagino la comunión espiritual con el Señor, siempre pienso en dos espíritus separados, como si su Espíritu y el mío se estuvieran besando. Pero la Escritura revela que, cuando estamos unidos a Cristo, ya no somos dos espíritus, sino uno. *¡Un espíritu con Dios!* La idea es tan fantástica que casi parece absurda. Cuando me rindo a Cristo, los dos nos volvemos uno.

¡Cristo en mí, la esperanza de gloria! Los cielos más altos y la tierra no pueden contener a Dios (Hechos 7:49-50), pero, de alguna manera, Dios ha creado al alma humana con la habilidad de ser una habitación para él. Hay algo dentro de nosotros que es más amplio, en su capacidad para contener a Dios, que el universo. Esta es la maravilla de lo que Dios nos ha hecho. Puedo ser «lleno de la plenitud de Dios» (Efesios 3:19), con toda la plenitud «de aquel que lo llena todo por completo» (Efesios 1:23). Los cielos más altos no pueden contener a Dios, pero, sí, el espíritu humano. ¡Guau!

Déjeme ilustrarlo con esta pregunta. Si volcara una copa de agua pura en el océano, ¿usted diría que el océano ahora está diluido? No, usted diría que la copa de agua pura ha sido totalmente absorbida y perdida en la inmensidad del océano. Esto es lo que sucede en la unión con Cristo. Cuando me uno a él, pierdo mi identidad en el océano de Su grandeza, de manera que ahora puedo decir: «ya no vivo yo sino que Cristo vive en mí» (Gálatas

2:20). Soy uno con él, y mi identidad está gloriosamente perdida en la inmensidad de Su majestad y esplendor.

No interprete que quiero decir que somos Dios. Lejos de eso. Somos creados eternamente y él es eternamente el Creador. El abismo entre el Creador y lo creado permanecerá por siempre. Pero, de alguna manera gloriosa, lo creado se vuelve un espíritu con el Creador; quedan juntos, unidos en un afecto eterno, con devoción.

Si este pensamiento le parece alucinante, a los ángeles los dejó pasmados. Desde la pasada eternidad, hay un horno de ardiente fuego de amor que fue limitado a solo Tres: El Padre, el Hijo y el Espíritu Santo disfrutaron un amor de proporciones astronómicas que es tan fuerte en su intensidad y alcance que ninguna otra criatura podía siquiera poner un pie en este horno ardiente de amor divino. ¡El amor que lleva al Padre al corazón del Hijo, al Espíritu al corazón del Padre y al Hijo al corazón del Espíritu! Y ahora, mientras los ángeles miran en este incendio ardiente, ven la forma de cuatro caminando en medio del fuego. ¡Y esa cuarta persona tiene la apariencia de la novia de Cristo! ¡La humanidad caída ha sido elevada a una unidad con la Deidad! Las ramificaciones van más allá de cualquier comprensión, aun para aquellos seres brillantes que resplandecen delante del trono de Dios.

¡Somos uno en espíritu con Dios! Y todo lo que se necesita es que estemos «unidos con Cristo». ¿Pero qué significa estar unido con Cristo?

La palabra «unido» en el Antiguo Testamento tiene una variedad de matices semánticos. Una acepción fascinante de la palabra se encuentra en el Salmo 63:8: «Mi alma se aferra a ti». La palabra original para «aferra» está relacionada con la palabra «unión». De manera que la idea literal del vocablo es «perseguir con la intención de alcanzar». David está diciendo: «Señor, estoy persiguiéndote y determinado a alcanzarte. Cuando lo haga, me aferraré a ti y nunca te dejaré ir! ¡Estaré unido a ti para siempre!».

De manera que estar unido a Cristo es buscarlo con absoluta intensidad, perseguirlo con la intención de aferrarse a él. Esta es la persecución santa a la que somos invitados, y es la magnificente obsesión del lugar secreto.

Cuando pienso en estar unido con Cristo y en cómo ilustrar para usted esta verdad, me remonto al ejemplo de María Magdalena. Esta representa a la novia del tiempo final de Cristo, que lo está persiguiendo, con el deseo de estar unida a él. Jesús ha expulsado siete demonios de ella, y como le ha sido perdonado mucho, ella ama mucho. Ese amor se evidenció en la manera en que lloró en la tumba de Jesús y en que fue la primera en buscarlo, la mañana de resurrección. María había encarado la persecución santa, de manera que, cuando Jesús se reveló a ella, instantáneamente echó sus brazos alrededor de los pies de Jesús. Su corazón ansiaba la unión con Cristo.

Igual que María, la novia de Cristo permanece, hoy, al final de los tiempos, esperando con ansias la aparición de su Señor: «Padre celestial, ¿dónde te lo has llevado? Tráelo a mí, y me alejaré con él, porque anhelo estar con él». Y, de la misma manera que María en la tumba, estamos esperando, llorando, anhelando, añorando, vigilando.¡Sin duda que él está regresando para revelarse primero a su novia, quien más lo anhela! Cuando regrese, esta segunda vez, encontrará a aquella a quien su alma añora. Nuestra búsqueda estará terminada, porque habremos alcanzado a nuestro Amado, nos habremos tomado de él, y nunca lo dejaremos ir.

En ese momento, él «transformará nuestro cuerpo miserable para que sea como su cuerpo glorioso» (Filipenses 3:21). Esta Novia y este Novio celestiales caminarán juntos por el pasillo de la Gloria, y se unirán en santo matrimonio bajo los oficios del Padre de luces. Nada jamás los separará nuevamente. No habrá más llanto, ni dolor, ni lágrimas. El Deseo de las Naciones será cumplido. ¡Así estaremos siempre con el Señor!

Pero, hasta entonces, me retiraré a mi lugar secreto, una novia con un deseo y amor en el corazón, que anhela ver a su Novio. Lo buscaré con la intención de alcanzarlo. Me regocijaré en nuestro silente secreto, el lugar de la suprema intimidad, porque aquí estoy unido a él y somos un espíritu.

Nos agradaría recibir noticias suyas.
Por favor, envíe sus comentarios sobre este libro
a la dirección que aparece a continuación.
Muchas gracias.

Vida@zondervan.com
www.editorialvida.com